百部青少年爱国主义教育读本

永·远·的·丰·碑·系·列

全国爱国主义教育基地·京津卷

宋　敬◎编著

团结出版社
UNITY PRESS

图书在版编目（CIP）数据

全国爱国主义教育基地. 京津卷 / 宋敬编著. -- 北京 : 团结出版社, 2013.4（2021.6 重印）

(百部青少年爱国主义教育读本. 永远的丰碑系列)

ISBN 978-7-5126-1719-3

Ⅰ. ①全… Ⅱ. ①宋… Ⅲ. ①爱国主义教育 - 中国 - 青年读物②爱国主义教育 - 中国 - 少年读物 Ⅳ. ①D647-49

中国版本图书馆 CIP 数据核字(2013)第 066698 号

出　版：团结出版社

(北京市东城区东皇城根南街 84 号　邮编：100006)

电　话：(010)65228880　65244790

E-mail：65244790@163.com

经　销：全国新华书店

印　制：三河市信达兴印刷有限公司

开　本：710×1000 毫米　1/16

印　张：10

字　数：140 千字

版　次：2013 年 4 月　第 1 版

印　次：2021 年 6 月　第 2 次印刷

书　号：978-7-5126-1719-3/ D.356

定　价：36.00 元

写在“百部青少年爱国主义教育读本”书前

中国人民大学中共党史系主任、博士生导师
中国中共党史人物研究会副会长
杨凤城

十年树木，百年树人。

对青少年进行爱国主义教育需要从长计议。今天的信息技术还在高速发展中，传播速度极为惊人，世界范围内的各种思想文化在人们的精神世界中相互激荡碰撞。弘扬和培育以爱国主义为核心的民族精神，是国民教育的重要任务，务必在精神文明建设过程中一以贯之，不容忽视，更不得有一丝松懈。

大处着眼，一个民族的精神必须适应时代发展的潮流，跟得上历史进程的趋势。小处着手，爱国主义教育尤其是对青少年的爱国主义教育工作，务必落实下来，落到实处，并且需要一个饶有兴味的形式呈现出来。惟其如此，爱国主义的精神气脉才能入乎眼耳，存乎心胸，真正成为个体生命的一部分。

中国人民百年来反对外来侵略和压迫，反抗腐朽统治，争取民族独立和解放，前赴后继，浴血奋斗的精神和业绩，可谓感天动地；中国共产党领导全国人民为建立新中国而英勇奋斗的崇高精神和光辉业绩，可与日月同辉。中国历史上尤其是中国近现代史上涌现出的著名爱国者、民族英雄、革命先烈和杰出人物，以及新中国成立以后涌现出的许许多多的英雄模范人物，他们是青少年爱国主义教育中最新鲜、最活泼、最具说服力的素材。

因此，对青少年推进行之有效的爱国主义教育，要突出和加强中国近现代史，尤其是中国共产党诞生之后的革命主题和红色主旋律的宣传。

“百部青少年爱国主义教育读本”系列丛书，以“弘扬红色主旋律”、“结合现实问题”为原则进行编写，紧紧围绕爱国主义教育的核心价值体系——爱党、爱祖国、爱社会主义，从历史到现实，从物质文明到精神文明，从自然风光到物产资源，对最广大的青少年进行丰富多彩、生动活泼的爱国主义教育，可谓正当其时，难能可贵。

眼前的系列读本，不禁让人眼前一亮，心生喜悦。编著者极力求其“真”——尊重史实的前提下，用生动活泼的语言讲述一个个真实可感的故事；尽力得其“趣”——饱含深情的语句让人物、事件在书中“活”了起来，“动”了起来，革命前辈的精神气息、信念品格扑面而来，感染着我们，感动着我们；竭力求其“美”——体例结构精心设计，又有大量珍贵历史图片资料作为辅助，更符合青少年的阅读习惯。一项项尽心尽力的创意和编辑工作，充分保证了这一系列读本的阅读价值。

寄望能通过快乐的阅读、有效的阅读，让孩子们的心灵之镜更明亮，让年轻一代的精神家园更加美好！

是为序。

2012 年 9 月 26 日

目 录

Contents >>>

北京市

天津市

北京市

北京是中华人民共和国的首都，四大直辖市之一。北京作为城市的历史可追溯到3000年前，它荟萃了灿烂的中华文化，同时也是军事和商业重镇。这是一片美丽富饶却又充满悲情的土地。清朝末年，政治腐朽，帝国主义列强伺机瓜分中国。1937年，日本发动卢沟桥事变，妄图在三个月内灭亡中国。中华民族到了生死存亡的紧要关头。广大中华儿女在中国共产党的领导下奋起抵抗，抛头颅、洒热血，用生命谱写出中华民族的新篇章。

天安门广场

概况

天安门广场是北京的心脏地带，是世界上最大的城市中心广场。它北起天安门，南至正阳门，东起国家博物馆，西至人民大会堂，南北长 880 米，东西宽 500 米，可容纳 100 万人举行盛大集会。1997 年 7 月，天安门广场被中宣部公布为第一批全国爱国主义教育示范基地。

广场中央矗立着人民英雄纪念碑和庄严肃穆的毛主席纪念堂，广场东侧是中国国家博物馆，西侧是人民大会堂，南侧是两座建于 14 世纪的古代城楼——正阳门和前门箭楼。整个广场宏伟壮观、整齐对称、浑然一体、气势磅礴。

◎天安门广场

◎人民英雄纪念碑

天安门位于紫禁城中轴线上，由城台和城楼两部分组成，造型威严庄重，气势宏大，是中国古代城门中最杰出的代表。城楼通高 37.4 米，红墙、黄瓦、五个拱形门洞，金碧辉煌，蔚为壮观。下层墙台高大，色彩浓郁，上有两层重檐楼，有黄色琉璃瓦，60 根朱红色通天圆柱，地面由金砖铺成。东西九间，南北五间，象征皇权的“九五之尊”。

房间南北两面均为菱花格扇门，36 扇朱红菱花门扉；天花、门拱、梁枋上雕绘着传统的金龙彩绘和吉祥图案。殿内有一个重 450 公斤的八角宫灯和 16 个各重 350 公斤的六角宫灯组成的众星捧月图案。

城台下有五个拱形门洞，中间的最大，位于北京皇城中轴线上，过去只有皇帝才可以由此出入。现在正中门洞上方悬挂着巨幅毛泽东画像，两边分别是“中华人民共和国万岁”和“世界人民大团结万岁”的大幅标语。

矗立在天安门广场中央的人民英雄纪念碑，高 37.94 米，是新中国诞生后在广场修建的第一座建筑，也是中国历史上最大的纪念碑。

纪念碑采用17000多块花岗岩和汉白玉砌成，碑基面积3100余平方米，由两层月台、两层须弥座、碑身和碑顶组成。

底层月台呈海棠型，东西宽50.44米，南北长61.54米；二层月台为方形，四面设有台阶，精美的汉白玉栏杆环绕四周。月台上边的大须弥座束腰处四面镶嵌着十幅汉白玉浮雕，记述了100多年来中国人民反对帝国主义和封建势力可歌可泣的革命斗争史。

上层小须弥座四周镌刻牡丹、菊花、荷花、垂幔等组成的8个花环，表示对先烈的崇敬和永远怀念。小须弥座上的高大碑身共计32层，由413块花岗岩石垒砌而成。

巨大的碑身上有毛主席亲笔题写的"人民英雄永垂不朽"八个苍劲有力的鎏金大字，碑的背面是由毛泽东撰文、周恩来楷书题写的114字鎏金碑文：

"三年以来，在人民解放战争和人民革命中牺牲的人民英雄们永垂不朽！三十年以来，在人民解放战争和人民革命中

◎人民大会堂

牺牲的人民英雄们永垂不朽！由此上溯到一千八百四十年，从那时起，为了反对内外敌人，争取民族独立和人民自由幸福，在历次斗争中牺牲的人民英雄们永垂不朽！”

碑顶是中国传统顶式建筑，四面成斜面，顶上成水平面，顶下有垂幔。整座纪念碑雄伟壮观，庄严肃穆，充分体现了中国人民对革命先烈的怀念和敬仰。

人民大会堂位于广场西侧，高 46 米，长 336 米，宽 206 米，建筑面积则达 17 万平方米。大会堂的正面有 12 根大理石门柱，每根高达 25 米。中央大厅为桃红色大理石地面和汉白玉石柱，顶部挂着水晶玻璃花灯。中央大厅后面是万人大礼堂，礼堂装饰典雅，灯光宜人。大会堂的北部是可容纳五千个席位的宴会厅，大如足球场，装设富丽堂皇。

从沧桑走向新生

天安门始建于明永乐十五年（1417 年），最初仅是一座三层五间式的木结构牌楼，名字叫做“承天门”，是承天启运、受命于天的意思。天顺元年（1457 年），天安门与华表楼毁于雷火，八年后重建为面阔五间、进深三间的门楼。这次重建，奠定了天安门的形制。崇祯十七年（1644 年），李自成的军队攻入北京，承天门再次被毁。清顺治时，在废墟上进行了大规模改建，重修为一座城楼，取名“天安门”，有“受命于天，安邦治国”之意。后来又经过几次大规模修缮，基本保持了顺治时改建的形制。明清时期，天安门前的广场是一个长约 540 米、宽约 65 米的御道，两侧叫千年廊。廊外有城墙，形成一个封闭式的广场。

明清的皇帝们一般都在天安门颁布重要诏令，称为“金凤颁诏”。此外皇帝大婚、将领出征时祭旗、御驾亲征时祭路、刑部在秋天提审要犯、科举殿试公布“三甲”等重大仪式也都在此举行。

天安门广场见证了近现代中国历史的风云变幻。

1860 年，英法联军侵入北京城；1900 年，八国联军又接踵而至。

1919 年 5 月 4 日，五四运动的巨澜从天安门广场波及全国各地，中国新民主主义革命从此揭开了新的篇章。

1926 年 3 月 18 日，当北京各界群众举行游行，抗议帝国主义对中国进行武装干涉时，遭到了反动奉系军阀的血腥镇压，酿成震惊中外的三一八惨案。鲁迅把这个血腥的日子称为“民国以来最黑暗的一天”，并发出呐喊“不在沉默中爆发，就在沉默中灭亡”。

在日本帝国主义加紧侵略中华民族的危亡时刻，爆发了一二九爱国运动；在新中国成立前的最黑暗的时刻，爆发了“反饥饿、反内战、反迫害”的民族运动。这些运动都是从天安门广场发起，并席卷全国的。

在中国共产党的领导下，经过八年抗日战争和三年解放战争，北平（1928 年 6 月至 1949 年 9 月，北京复称北平）于 1949 年 1 月 31 日宣告和平解放。天安门广场从此获得新生。

1949 年 2 月 3 日，中国人民解放军举行了庄严的入城仪式。雄壮的队伍从正阳门浩浩荡荡进入天安门广场。

1949 年 7 月 7 日，为了纪念抗日战争爆发 12 周年，北平 20 万市民在天安门广场举行盛大的群众集会。毛泽东、朱德、周恩来站在天安门城楼上检阅了雄壮的群众队伍。这是在天安门广场举行的第一次欢庆人民胜利的大会。

1949 年 10 月 1 日，开国大典在天安门广场举行。毛泽东在天安门城楼上庄严地宣告了中华人民共和国的成立。从此，天安门城楼成为新中国的象征，它庄严肃穆的形象也是中国国徽的重要组成部分。

新中国成立后，在天安门广场举行了多次大规模的国庆阅兵活动。其中建国 5 周年、10 周年、35 周年和 50 周年的 4 次大阅兵影响较大且最具代表意义。

北京的绝世之最

五星红旗是中华人民共和国的象征和标志。每个中国人都不会忘记，1949 年 10 月 1 日，毛泽东在天安门城楼亲手升起了第一面五星红旗，庄严宣告了中华人民共和国的成立。中国人民从此站起来了。

现有的国旗杆是在 1990 年 10 月 1 日《中华人民共和国国旗法》颁布实施后改建的。改建后的旗杆基座平面为三层，内层为边长各 6 米、高 45 厘米的正方形汉白玉平台，四周是 80 厘米高的汉白玉栏杆，四面各有 2 米宽的出入通道。基座中心是 30 米高的银灰色国旗杆，顶端的旗杆头为黄色。第二层是环绕基座的 2 米多宽的褚色花岗石石带，象征“人民江山万代红”。第三层是 5 米宽的绿化带，绿草四季常青不衰，象征社会主义祖国欣欣向荣。国旗基座四周是 56 个金黄色铜制隔离墩连成的护栏，象征 56 个民族手拉手、心连心，团结在国旗下。

在对旗杆进行改建的同时，升（降）旗仪式也于 1991 年 5 月 1 日开始改革，分为节日升旗仪式和平日升旗仪式。每年元旦、春节、国际劳动节、国庆节和每月 1 日、11 日、21 日举行节日升旗仪式。节日升旗仪式由武警国旗护卫队 38 人、军乐团 62 人实施，行进时吹奏《歌唱祖国》，升旗时吹奏国歌。其他时间为平日升旗仪式。平日升旗仪式由国旗护卫队 38 人实施，升旗时播放国歌录音。降旗仪式由国旗护卫队单独执行。天安门

◎天安门广场上迎风飘扬的国旗

广场的国旗长 5 米、宽 3.3 米，堪称共和国的第一旗。

当国旗护卫队走出天安门城门，擎旗手肩扛鲜艳的国旗，迈着矫健的步伐，英姿飒爽地走向旗杆，迎着东升的旭日，伴着威武雄壮的国歌，中华人民共和国的五星红旗缓缓升起时，广场内外，行人驻足，观礼人群自觉肃立瞻仰。

专程前来观看升（降）旗仪式的人络绎不绝。每天清晨和傍晚的客流量超过了白天，有时多达数十万人，被誉为“北京的绝世之最”。

中国国家博物馆

概况

中国国家博物馆位于北京天安门广场东侧，与人民大会堂对应，是在原中国历史博物馆和原中国革命博物馆的基础上改建而成的。改扩建后的中国国家博物馆建筑面积近 20 万平方米，是目前世界上最大的博物馆，已经跻身于世界一流博物馆之列，可与大英博物馆、卢浮宫比肩。1997 年 7 月，国家博物馆被中宣部公布为第一批全国爱国主义教育示范基地。

中国国家博物馆藏品多达 106 万件，汇集了原中国历史博物馆和中国革命博物馆的藏品。原历史博物馆中的文物以中国通史为主，展出了各时代中国代表性的文物。中国革命博物馆是中国收藏 1840 年至 1950 年间中国近代革命资料的机构，主要是中国近代革命史的陈列，收藏中国自 1840 年鸦片战争以来近代和现代的革命历史文物，再现了从 1840 年鸦片战争至 1949 年中华人民共和国成立，100 多年近代中国历史发展概貌。

中国国家博物馆基本陈列以中国通史为主，通过举办有关历史、

◎中国国家博物馆

考古、文物等方面的多种专题陈列，以及临时展览、常设国际交流展览和捐赠品展览等不同形式的展览，向公众系统展示了中国的历史文化、民族传统和当代主流文化精神，介绍文明世界的优秀文化。通过高水平的历史学、考古学、文物学、博物馆学研究，丰富和深化公众对历史文化的理解和认识，中国国家博物馆成为首都中心区供公众进行文化享受的重要场所。

国家博物馆的基本陈列包括古代中国陈列、复兴之路、现代经典美术作品陈列。

古代中国陈列分为“远古时期”、“夏商西周时期”、“春秋战国时期”、“秦汉时期”、“三国两晋南北朝时期”、“隋唐五代时期”、“辽宋夏金元时期”、“明清时期”等 8 个部分展现辉煌灿烂的中华文明。陈列共 10 个展厅，以珍贵文物为主要见证，全面展现中华文明持续不断的发展特点和各族人民共同缔造多民族国家的历史进程，彰显中华民族在政治、经济、文化诸方面所取得的辉煌成就和对人类文明的伟大贡献。

复兴之路通过回顾1840年鸦片战争以来，陷入半殖民地半封建社会深渊的中国各阶层人民在屈辱苦难中奋起抗争，为实现民族复兴进行的种种探索，特别是中国共产党领导全国各族人民争取民族独立人民解放、国家富强人民幸福的光辉历程，充分展示历史和人民怎样选择了马克思主义、选择了中国共产党、选择了社会主义道路、选择了改革开放，充分展示了历史和人民为什么必须始终坚持高举中国特色社会主义伟大旗帜不动摇，坚持中国特色社会主义道路不动摇，坚持中国特色社会主义理论体系不动摇。

现代经典美术作品陈列展出的是国家博物馆先后四次组织的大规模革命历史题材美术创作中的作品，包括油画、国画、雕塑、素描等多种艺术形式。展品多为新中国美术史上的名家名作，如董希文的《开国大典》、靳尚谊的《毛泽东在十二月会议上》、艾中信的《夜渡黄河》、罗工柳的《地道战》和《毛泽东在井冈山》、詹建俊的《狼牙山五壮士》、钟涵的《东渡黄河》、石鲁的《转战陕北》、叶浅予的《北平

◎董希文的油画作品：《开国大典》

解放》、王朝闻的《刘胡兰》、钱绍武的《大路歌》等。70 余件展品琳琅满目，异彩纷呈，既具有历史的深厚，又具有学术的精深。

中秋拜月厌胜钱

厌胜钱也叫做压胜钱，自汉以来就有铸造。它最初的本义主要是压邪攘灾和喜庆祈福。到了后来，厌胜钱所指的范围越来越广。它体现了当时的礼俗时尚，对考察各朝代的政治、民俗、文化都具有极高的参考价值。

在国家博物馆中，收藏着两枚宋代的与中秋有关的厌胜钱。一枚是一个女子在焚香拜月，在香几上，一炷香已经燃烧过半。月亮在薄云中，隐约可见，背面是五男二女，各执玩具玩耍。另一枚正面有亭台，庭院设香几，上有燃香，空中彩云拱月。背面是一个妇人和八个小孩子，有的绕膝嬉戏，有的在摆弄各种玩具。两枚厌胜钱描写的都是中秋时节天下太平的祥和气象，具有浓郁的生活气氛。

古时候，在中秋之夜十分流行拜月、赏月。当月亮升起的时候，人们在庭院中对着月亮摆一个小桌子，挂上月光画。月光画上印制的

◎中秋拜月厌胜钱

是一个类似嫦娥奔月的人物，称作太阳星君，下面还有一只小兔子。在桌子上要摆上供品，有月饼、西瓜及其它一些水果，还要特别准备一捆青豆，是喂兔儿爷的。兔儿爷是身穿甲胄，兔面人身的泥塑，大小不等，有的骑虎，有的站立，中秋节儿童多买来当作玩具。将这一切布置完后，女人们就开始烧香礼拜。因为月属阴，民间向来有“男不拜月，女不祭灶”的说法，所以拜月的大多是妇女。这是北京的习俗。这两枚宋钱上就刻画了一千多年前人们的拜月风俗，十分珍贵。

“天上一轮才捧出，人间万姓仰头看”。每逢中秋佳节，普天下中华儿女都会和长辈团聚，品尝月饼，共赏明月，其乐融融。这一古老风俗由来已久。“中秋”一词，最早见于《周礼》。根据我国古代历法，农历八月十五日，在一年秋季的八月中旬，故称“中秋”。到唐朝初年，中秋节才成为固定的节日。根据史籍记载，古代帝王祭月的节期为农历八月十五，时日恰逢三秋之半，故名“中秋节”；又因为这个节日在秋季八月，故又称“秋节”、“八月节”、“八月会”；又有祈求团圆的信仰和相关习俗活动，所以又称为“团圆节”、“女儿节”。因为中秋节的主要活动都是围绕“月”进行的，所以又俗称“月节”、“月夕”、“追月节”、“玩月节”、“拜月节”；在唐朝，中秋节还被称为“端正月”。中秋节的盛行始于宋朝，至明清时，已与元旦齐名，成为我国的主要节日之一。

周抡园的家国山河

周抡园是20世纪中国具有代表性的重要国画画家之一，名震川中，享誉全国。2011年12月，周抡园的子女向中国国家博物馆捐赠了162幅周抡园的国画作品，丰富了博物馆的馆藏。为了表彰捐赠义举，与观众共享捐赠成果以及周抡园的艺术成就，国家博物馆精选了捐赠中的代表性作品举办了《家国山河——周抡园国画作品捐赠展》。这次展览还得到了周抡园家属的帮助，提供了周抡园的速写、手稿、画具等物品作辅助展出。

周抡园（1899—1988），河北大名府人。1924 年考取国立北平大学艺术学院，毕业后应蔡元培先生之邀留校任教，与徐悲鸿、齐白石、黄宾虹等共事。抗战时期流寓四川，一直从事国画创作与教学，曾任教于四川南虹艺专、成都工艺美术学校等院校。

1949 年之后，周抡园的艺术与新的时代同步发展，其画风一改民国时期的格古高妙，也突破了个人胸襟以及京派传统的范式。从 1951 年开始，周抡园就深入四川林区和铁路工地写生，创作了一大批表现时代现实生活的新作品，融入到时代的主旋律之中，力创国画新境界，为 20 世纪中期以后的中国国画转型与发展做出了重要的贡献。晚年的周抡园在回归中国画传统的时代潮流中，得心应手，“积墨”、“泼墨”相参，气象沉凝，气势磅礴。中国现代著名国画艺术家李可染评论他的画为：“把传统的绘画与现代生活有机的结合得很恰当，实在

◎周抡园作品

不容易！”中国画大写意花鸟画大师李苦禅也说：“他的绘画个性强烈，表现力非凡。”

中国古代青铜艺术

青铜，在中国古代主要是指铜与锡的合金，是人类技术发展史上的重要发明。远在5000多年前的马家窑文化时期，中国古人即开始使用青铜制品。

夏、商、周是中国的青铜时代。在夏代，中国青铜器的铸造技术已经比较成熟，出现了鼎（烹煮、盛贮肉类的器具）、爵（酒器）、斝（酒器）、钺（仪仗兵器）等青铜材质的器具。到了商周时期，青铜铸造技术已经达到顶峰，并形成了具有明确规格的礼器群，创造了灿烂的青铜文化。春秋战国时期，列国青铜文化异彩纷呈，呈现出鲜明的地域特色。同时，作为礼乐文化的主要载体，青铜器还被用以“明尊卑，别上下”，彰显、维护等级制度。

许多青铜器同样是做工精湛的工艺美术品。这些器物的造型、装饰与铭文书法是当时社会的审美所在，在青铜时代漫长历史时期的不同发展阶段，青铜器的形制、装饰花纹、器物组合与铭文也相应呈现不同的时代风貌，而这些阶段性的变化恰为我们清晰勾勒出中国古代青铜艺术之美的历程。

鼎，在我国古代社会中占据着特殊地位，不仅是宗庙重器，也是王权象征。人们习以“定鼎”、“迁鼎”之类词语，喻王朝之更迭，社稷之兴替。

中国国家博物馆素以收藏中国古代青铜重器为世人称道。被誉为“中华第一鼎”的“司母戊鼎”，是迄今发现的中国古代最重的青铜器，庄严肃穆，仰之弥高，历久弥珍。2006年回归祖国的“子龙鼎”是已知商代最大的青铜圆鼎，浑厚凝重，铸工精湛。西周康王时期的“大盂鼎”，为晚清所出四大青铜器之一。器内壁铸铭长达291字，文中精

◎司母戊鼎

◎子龙鼎

◎大盂鼎

辟指出商周易代的原因，总结了所谓“殷鉴”，具有极高的史料价值。铭文书风凝重，气韵生动，字字珠玑。这三尊大鼎高度均超过 100 厘米，在中国古代青铜艺术之美的历程中昂扬矗立。其他如殷墟妇好墓出土的青铜器也是件件杰作。

中国人民革命军事博物馆

概况

中国人民革命军事博物馆位于北京天安门西面的长安街延长线上，筹建于 1959 年，是向国庆 10 周年献礼的首都十大建筑之一。军事博物馆占地面积 8 万多平方米，建筑面积 6 万多平方米，是中国唯一的大型综合性军事历史博物馆。1997 年 7 月，中国人民革命军事博物馆

◎中国人民革命军事博物馆

被中宣部公布为第一批全国爱国主义教育示范基地。

军事博物馆主楼高 94.7 米，中央 7 层，两侧 4 层。正门上方悬挂着毛泽东主席亲笔题写的“中国人民革命军事博物馆”巨匾。门两侧竖立着陆海空三军战士和男女民兵两组汉白玉石雕。

军事博物馆的陈列展览分为基本陈列和临时展览。基本陈列有土地革命战争馆、抗日战争馆、全国解放战争馆、抗美援朝战争馆、古代战争馆、近代战争馆、兵器馆、礼品馆等。

土地革命战争馆位于展览大楼东一楼，主要陈列 1927 年 8 月至 1937 年 7 月，中国共产党领导中国工农红军和中国人民反对国民党蒋介石黑暗统治，废除封建土地制度，建立工农民主政权，进行土地革命

◎土地革命战争馆

◎抗日战争馆

◎全国解放战争馆

◎抗美援朝战争馆

战争的历史。

抗日战争馆位于展览大楼东二楼，主要陈列1937年7月至1945年8月，在中国共产党倡导并组织的、以国共合作为基础的抗日民族统一战线的旗帜下，进行全民族抗战的历史。

全国解放战争馆位于展览大楼东二楼，主要展示1945年9月至1949年9月，人民解放军在中国共产党领导下，在全国人民的支持和支援下，经过战略防御、战略进攻、战略决战、战略追击等4个阶段的艰苦作战，消灭国民党800万军队，推翻帝国主义、封建主义、官僚资本主义反动统治，建立新中国的历史。

抗美援朝战争馆位于展览大楼东四楼，主要展示1950年10月至1953年7月，中国人民志愿军响应中共中央“抗美援朝、保家卫国”的号召，高举和平与正义的旗帜，跨过鸭绿江，同朝鲜人民一道抗击美国侵略者，经过两年零九个月的艰苦斗争，终于以劣势装备打败了现代化装备的以美国为首的“联合国军”的历史。

古代战争馆位于展览大楼西三楼，主要展示上自原始社会末期、

下至1840年的中国古代战争历史。陈列内容以战争史为主线，同时融合兵器、军制、军事人物、军事思想，以及一定的政治、经济背景于一体，比较系统地反映了中国历代的主要战役和军事成就。

◎古代战争馆

近代战争馆位于展览大楼西四楼，主要展示1840－1919年中国人民反抗外国侵略和本国封建压迫的武装斗争史，陈列内容中还介绍了近代著名军事人物，近代军事工业和筹建近代海军、清末军制改革等内容。

◎近代战争馆

兵器馆位于展览大楼北侧和东西兵器广场，主要陈列中国人民解放军在历次革命战争中和建国后海防、边防、空防斗争中曾经使用和缴获的，以及中国自行研制的部分武器。陈列的兵器分为轻武器、火炮、装甲车辆、导弹、舰艇、飞机等六部分。

◎兵器馆

礼品馆全称是中国人民解放军对外交往友谊馆，设在展览大楼四层中厅。该馆主要展

◎礼品馆

示新中国成立以来，中国人民解放军在对外交往中接受的具有代表性的 500 余件礼品。这些礼品来自五大洲近百个国家，是从数千件礼品中挑选出来的。

60 万年：尖锐与血火

兵器起源于原始的生产工具，尤其是狩猎工具。原始社会时期的器具主要是石质，也有用竹木制成的。当原始生产工具由于加工技术的发展而不断进步的时候，它们也开始被用于人和人之间的搏斗，即原始人因为生存竞争以及晚些时候的血族仇杀而发生的搏斗。旧石器时代晚期，人们已经使用石矛、石斧、标枪，并发明了弓箭。到了原始社会末期，私有财产的出现，引发了掠夺奴隶和财富的战争，兵器就成为战争工具独立了出来。

约从夏代开始，中国的兵器发展进入了青铜兵器时期。青铜兵器，顾名思义，就是用青铜制造的兵器。青铜是铜、锡、铅三种金属元素的合金，颜色呈现青灰色或青绿色。

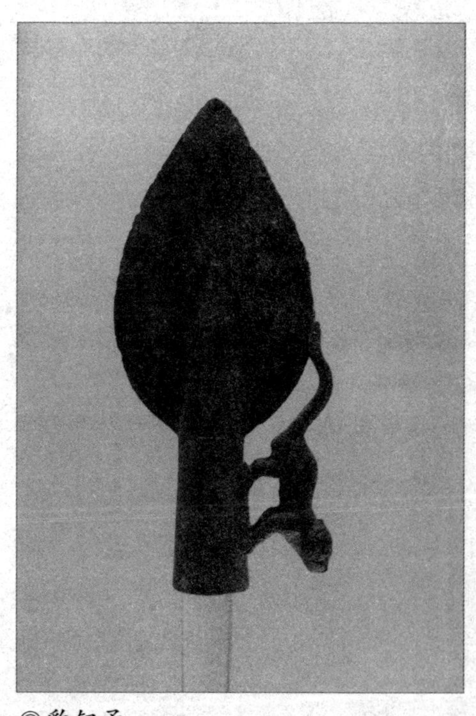
◎豹钮矛

中国的青铜兵器时期是与奴隶社会一起开始和结束的，历经夏、商、西周和春秋，占据了战争史舞台 1600 多年。这期间的国王或者诸侯，都以战车和武器装备的多少作为衡量国家强弱的标准，出现了“千乘之国”或“万乘之国”的说法。为了适应车战的需求，青铜兵器在这一阶段得到了迅速发展。

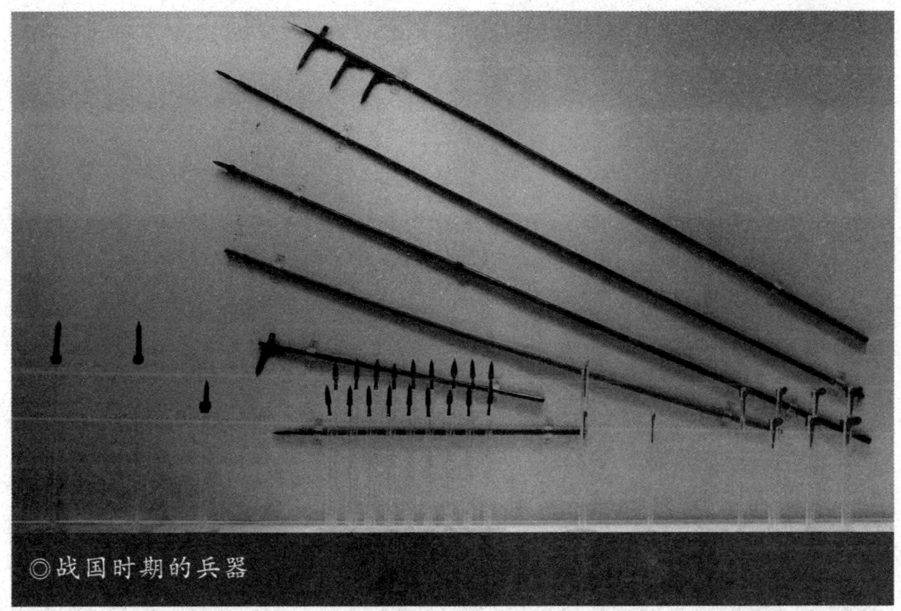
◎战国时期的兵器

在商代，青铜兵器在生产上不仅规模可观，种类也相当齐全，有矢、戈、矛、大矛、短刀、大刀、斤、钺、盔和弓、兵车等类别。商代青铜兵器的制造工艺精巧，外表雕饰或镶嵌有各种精美的纹饰，有的兵器上还铸有铭文。

西周时代制造青铜兵器的技术，在商代的基础上有很大的提高。种类比商代增多，除商代原有的戈、矛、刀、钺等外，增加了剑、鹰首短剑、马首短剑、带钩匕首、双钩戟等重要的青铜短兵器。在构造上也有很大改进，如矛的长度加长，刃长而銎管短，戈内有刃，出现宽胡斜刃戈。

春秋时代，诸侯争霸。为了满足车战的需要，中国青铜兵器发展到了鼎盛时期。青铜兵器制造范围得以扩大。不仅周王室制造兵器，各诸侯国也都设立武库，邀请匠师、工师大量制造青铜器。青铜兵器的形制有了显著改进，一般都比较灵巧轻便，杀伤力也较大。在原有兵器的基础上，又创造出了一些新的青铜兵器，如在杀伤力较大的兵器弩上装备了铜弩机。青铜兵器的冶铸技术也达到了非常成熟的阶段。

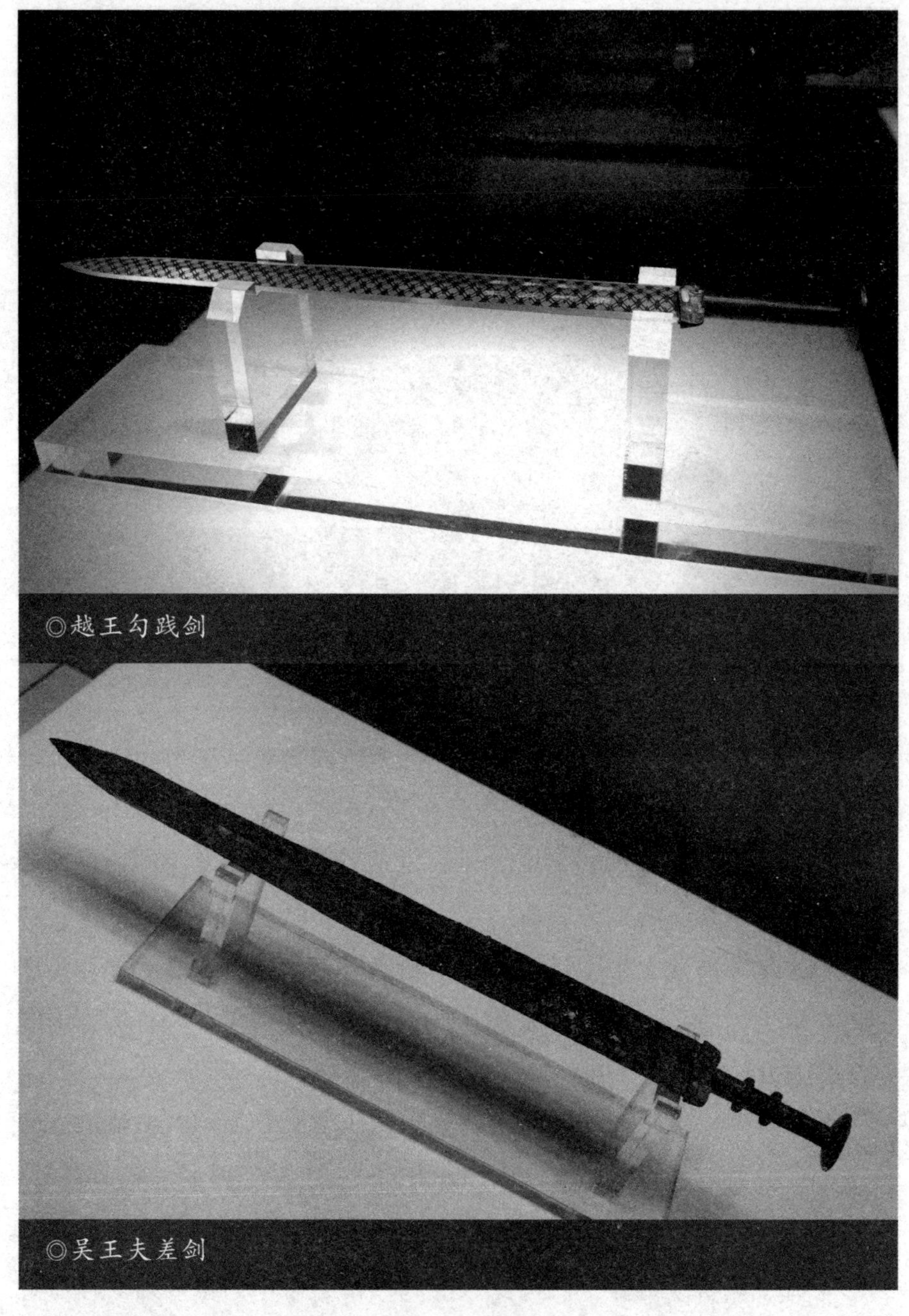
◎越王勾践剑

◎吴王夫差剑

越王勾践剑、越王矛、吴王夫差剑等，都是这一时期的稀世珍品。

从战国开始，经秦、汉、魏、晋、南北朝、隋、唐，直到唐末火器出现为止，是中国兵器发展史上的铁兵器时期。在这段漫长的历史时期内，为了满足战争的需要，历代统治者都制造出大量质地优良、成本低廉的钢铁兵器。刀、矛、斧、枪、剑、戟等铁兵器及战船等水战武器，制造精湛、造型科学、杀伤力强，堪称世界兵器宝库中的瑰宝。

约在公元 3 世纪末 4 世纪初的晋代，中国发明了火药。火药是中国古代四大发明之一，具有划时代的意义。唐末，我国把火药运用到军事上，发明了火器。火器的出现，是中国兵器发展史上的里程碑。从此，中国兵器的发展进入了古代火器时期。古代火器从五代十国开始，到清鸦片战争止，占据中国历史长达 900 多年。这 900 多年，是古代火器和冷兵器并用的时期。

青铜白石铸深情

程允贤是我国著名雕塑家，国际公认的肖像雕塑艺术大师。他主要致力于肖像雕塑和纪念碑雕塑的创作与研究，以塑造杰出人物和劳动群众的形象为己任，坚持自己的创作道路，追求严肃的题材与高品位的艺术语言相统一，形成了朴实无华的有鲜明个性的艺术风格，取得了丰硕的成果。他的作品建于或收藏于国内三十多个城市和港台地区以及日本、新加坡、泰国、德国、美国、朝鲜、汤加等国家。

◎日本长崎和平公园的《和平少女》雕像

程允贤用自己的雕塑艺术为中国和平外交做出了突出贡献。1985 年，他参与创作了中国政府赠送给日本长崎和平公园的大型汉白玉雕像《和平少

◎程允贤雕塑艺术馆

女》，表达了中国人民对和平的热爱和对日本人民的友好情谊。雕像在日本引起轰动。程允贤也被誉为“永驻日本的和平大使”。

1997 年，程允贤经领导批准，应邀为当时尚未与国建交的南太平洋岛国汤加王国的国王塑造雕像。他积极主动工作，向对方宣传中国的外交政策，并与汤加国王和公主建立了诚挚的友谊。雕像最终以中国国际友联名义赠送给汤加王国，促进了中汤两国的建交。雕像完成后，程允贤再三主动谢绝汤加方面重谢的稿酬，用自己的雕塑艺术和政治智慧完成了人民外交的重任，受到党和政府的表彰和嘉奖。

1997 年 5 月，为纪念《在延安文艺座谈会上的讲话》发表 55 周年，中国美术家协会和军事博物馆联合举办了《程允贤肖像艺术展》，受到广泛好评和观众的热烈欢迎。中央军委领导对展览给予了高度评价：“程允贤同志用雕塑艺术弘扬了中华正气，塑造了人民英雄，很了不起”，“这不仅是高水平的艺术品也是非常好的革命传统教材”。

1998 年，程允贤将展览全部作品无偿捐献给军事博物馆。军事博物馆在博物馆中特辟《程允贤雕塑艺术馆》，长期展出。

中国人民抗日战争纪念馆

概况

中国人民抗日战争纪念馆位于丰台区宛平城城内街，属社会科学类专题历史纪念馆，是为纪念中国人民伟大的抗日战争而建，于 1987 年 7 月 6 日对外开放，其二期工程也于 1997 年抗战 60 周年前夕建成并开放。1997 年 7 月，它被中宣部公布为第一批全国爱国主义教育示

◎中国人民抗日战争纪念馆

范基地。

纪念馆展出了从1931年“九·一八事变”到1945年抗战胜利这14年间的珍贵历史文物和照片达5000余件，以重大事件、重要历史人物的有关遗物和文稿为主，辅助馆藏抗日战争时期重要文献、书刊、档案、资料数千件，采用声光结合立体画面再现了日军在卢沟桥的侵华罪行和中国军民奋起抗战的壮烈情景。

纪念馆占地4万平方米，建筑面积近2万平方米，展览面积6000平方米。纪念馆前的一进台基有8级台阶，象征全国人民8年抗战，二进台基有14阶台阶，象征东北人民14年的抗战。馆名由邓小平题写。纪念馆由序厅、展厅、半景画馆三部分组成。

进入序厅，迎面是一座长18米、高5米的大型铸铜浮雕“把我们的血肉铸成我们新的长城”。左右两侧墙壁上，分别镶着《义勇军进行曲》和《八路军进行曲》的曲谱。顶部由15个方形藻井组成，悬挂着14口方形古钟，象征着14年抗战，蕴含着中国人民抵御侵略的警钟长鸣。

◎《义勇军进行曲》

展厅分为“综合厅”、“日军暴行厅”、“人民战争厅”和“抗日英烈厅”四部分。陈列形式采用巨幅照片、形象图表及现场复原等形式，利用文物及塑型结合的方法组成立体空间，使观众产生强烈印象，如“地雷战景观”、

“地道战景观”、“水上游击队”等立体模型都取得了良好的效果。

综合厅展示了全国抗日战争全过程。

日军暴行厅展示了日本侵略者的滔天罪行，其中有日本关东军“七三一”细菌部队和南京大屠杀的现场复原陈列。

人民战争厅展示了波澜壮阔的全民族抗日救亡运动和浴血奋战场景，其中有台儿庄、平型关、百团大战等著名战役的介绍。

抗日英烈厅展示了著名抗日英雄杨靖宇、赵一曼、左权、彭雪枫、张自忠、佟麟阁、赵登禹等人的英雄事迹。厅中的主题雕塑更达到了震撼心灵的效果——战士倒下了，亲吻着祖国的大地，但手中的枪刺直指晴天，寓意英烈不屈的精神。

半景画馆的陈列采用声光变景技术，使半景画的陈列艺术达到当前的先进水平，再现了“七七事变”的战斗场面。

国民党的正面战场

中国抗日战争是在第二次国共合作条件下进行的，是在反对日本法西斯侵略的统一战略目标下形成的正面与敌后两个既彼此独立又相互配合、相互依存的战场。

1937 年 7 月至 1938 年 10 月是日军展开战略进攻、中国军队进行战略防御的阶段。中国军队在正面战场顽强抵抗，粉碎了日本法西斯企图 3 个月灭亡中国的侵略计划。

“七七”事变后，国民党蒋介石曾幻想就地“和平解决”，致使丢失大片领土。和平解决的希望破灭后，国民党政府逐渐采取了对日强硬的态度。

◎忻口战役遗址

1937 年 10 月，日军对太原展开进攻。在八路军配合下，第二战区集中16个师为保卫太原打响了忻口战役。第9军军长郝梦龄及54师师长刘家骐在战斗中英勇殉国。郝梦龄在阵前这样说："将有必死之心，士无贪生之意。我们一天不死，抗日的责任一天就不算完。"郝、刘二人在中弹后弥留之际，仍力呼杀敌报国。

8月13日，日军进攻上海。国民党调集江南各省精锐与敌军展开激烈战斗，双方伤亡惨重。11月12日上海失陷。12月13日，日本占领南京，实行了灭绝人寰的大屠杀。在短短的六周内，就有30多万同胞被杀害。

1938年6月，日军对武汉和广州发动进攻。中国守军在武汉外围进行了英勇抵抗。在保卫武汉战役中，中山舰被日军击沉，舰上官兵全部殉国。舰长萨师俊曾说："强国莫急于海防，忠勇莫大于卫国"，立志献身祖国海防。他在双腿被炸断、臂部受重伤的情况下坚持与中山舰共存亡，沉着指挥，后来遭到敌机扫射，壮烈殉国。

从七七事变到武汉失守，历时1年零4个月，国民党军共毙伤俘

◎中山舰模型

日军 25 万余人，牵制日军 70 万人以上，但也付出了重大牺牲，其正规军损失达 104.4 万余人。在这一阶段，国民党正面战场广大官兵不怕牺牲，英勇杀敌，为粉碎日本帝国主义 3 个月内灭亡中国的侵略计划做出了重大贡献，且使日军兵力分散，战线拉长，为战略相持阶段的到来，起了决定性的作用。同时，客观上也为八路军、新四军等抗日武装挺进敌后，开辟抗日根据地创造了条件。

1941 年至 1943 年，中国抗战进入战略相持阶段。敌后战场开始独立承担抗击日军的重任，成为抗日主战场。正面战场逐步下降到次要地位。

1941 年至 1943 年，正面战场进行的主要作战有豫南战役、上高战役、中条山战役、第二次长沙战役、第三次长沙战役、浙赣会战、鄂西战役和常德战役。这几次战役是日军为配合东南亚方面作战，切断中国东南交通线，摧毁美军在中国的空军基地，防止中国军队南下支援香港、缅甸的英军而发动的局部进攻。虽然上高会战歼敌 1.5 万余人，第三次长沙会战歼敌 0.6 万余人，取得较好战绩，但没有一次是主动对日作战，只是在对日军“避战”无果的情况下，才进行有限抵抗。

1943 年 11 月至 1945 年 3 月，国民党先后以 8 个军共 22 个师的兵力，在滇西、缅北地区与美军共同对日作战，歼灭了日军第 18、第 56 两个师团大部，击溃另两个师团各一部，毙伤日军 4.8 万余人，打通了中印和滇缅公路。这是正面战场在此阶段中唯一引以为荣、扬威异域的作战行动。

整个 8 年抗战，国民党正面战场先后进行大规模战役 22 次，重要战斗 3117 次，小战斗 3.9 万次，毙伤日军 85.9 万余人，自己付出了 322 万人的重大伤亡。

共产党的敌后战场

1938 年 10 月，日军占领广州、武汉后，因战线延长、兵力不足，停止了战略进攻。八路军也需积蓄力量，以待反攻，双方进入战略相持阶段。中国共产党于 1938 年 9 月至 11 月，在延安召开了党的六届六中全会，制定了中国共产党继续抗战的基本方针和任务。

1939 年，中国共产党在纪念抗战两周年对时局的宣言中，提出了“坚持抗战，反对投降；坚持团结，反对分裂；坚持进步，反对倒退”的政治主张，为中华民族抗战指明了方向。

在敌后抗日根据地，共产党领导军民广泛展开反“扫荡”、反“围攻”的作战。在华北地区，八路军积极根据中共中央“巩固华北”的方针，广泛开展游击战。1939 年 4 月，在河北齐会战斗中，八路军 120 师主力冒着毒气与敌军作战，经三昼夜，歼敌 700 余人；11 月，晋察冀军区、120 师一部，在河北黄土岭战斗中，歼敌 900 余人，击毙日军“名将之花”阿部规秀。在华中地区，新四军在长江两岸广泛开展了游击战争，开创了华中敌后战场新局面。在华南，东江纵队、琼崖纵队等人民武装，开展了艰苦卓绝的游击战，开辟了华南敌后战场。

1940 年 8 月，为打破敌人的“囚笼政策”，配合正面战场作战，八路军以 105 个团的兵力发动了“百团大战”，歼敌 1.3 万人，俘虏日伪 1400 多人，大获全胜。这次胜利沉重打击了日寇，对华北敌后根据地的发展和全国抗战的坚持起了重要的历史作用。

在敌后战场，日军进行了残酷的毁灭战和连续扫荡，实行了烧光、杀光、抢光的“三光政策”。日军还大量制造“无人区”，将村庄全部烧毁，强迫群众集中在“人圈”内居住。“人圈”四周筑有高墙、岗楼，监视村民活动。同时，日军还不顾国际法，公然在中国东北建立了代号“731”、“100”的细菌工厂，用中国人作活体细菌实验。

1941 年起，国民党停发八路军、新四军军饷，并对抗日根据地进行军事包围、经济封锁，加上日军扫荡，造成了根据地军民的严重困难。中国共产党制定了对敌斗争、精兵简政、统一领导、拥政爱民、发展生产、整顿三风、审查干部、时事教育、三三制政权、减租减息

◎油画：《狼牙山五壮士》

政策及开展大生产运动，使根据地渡过了难关。

在中国共产党领导和毛泽东思想指导下，敌后抗日根据地群众性的游击战争广泛开展。在反“扫荡”、反“蚕食”、反“清乡”斗争中，涌现出诸如“狼牙山五壮士”等许多感人事迹，谱写了一曲曲人民战争的凯歌。

从 1944 年开始，根据毛泽东的指示，中国共产党领导的抗日敌后战场进入局部反攻，收复了众多城市。由于八路军的英勇战斗，局部反攻取得了重大胜利，人民抗日武装力量得到了进一步壮大。

1945 年 8 月，日本帝国主义投降。中国人民经过 8 年艰苦卓绝的抗争，最终取得了抗日战争的伟大胜利。

故宫博物院

概况

故宫博物院建立于 1925 年 10 月 10 日，是在明朝、清朝两代皇宫及其收藏的基础上建立起来的中国综合性博物馆，也是中国最大的古代文化艺术博物馆，其文物收藏主要来源于清代宫中旧藏。1997 年 7 月，故宫博物院被中宣部公布为第一批全国爱国主义教育示范基地。

故宫为明、清两代的皇宫。依照中国古代星象学说，北极星（即紫微垣）位于中天，乃天帝所居，天人对应，因此故宫又称紫禁城。

明代第三位皇帝朱棣在夺取帝位后，决定迁都北京，公元 1406 年

◎故宫博物院

◎故宫正门

即开始营造宫殿，明永乐十八年（公元 1420 年）落成。1911 年，辛亥革命推翻了中国最后的封建帝制——清王朝，1924 年清逊帝爱新觉罗·溥仪被逐出宫禁。在此期间的五百余年中，共有 24 位皇帝曾在这里生活居住和对全国实行统治。城内宫殿建筑布局沿中轴线向东西两侧展开。红墙黄瓦，画栋雕梁，金碧辉煌。殿宇楼台，高低错落，雄伟壮观。

紫禁城宫殿位于北京城中心，东西宽 753 米，南北长 961 米，占地面积 72 万多平方米，周围环以 10 米高的城墙和 52 米宽的护城河。城墙四面各设城门一座：南名午门，北称神武门，左右为东华门、西华门。其中午门和神武门现专供参观者游览出入。城内古建筑总面积约 16 万平方米，整组宫殿建筑布局谨严，秩序井然，其布局与形制均严格按照封建礼制和“阴阳五行”学说设计与营造，映现出帝王至高无

◎午门

上的权威。

紫禁城前半部（南半部）以太和殿、中和殿、保和殿三大殿为中心，东西辅以文华、武英二殿，是明、清两代皇帝办理政务、举行朝会及其他重要庆典的场所。三大殿建于高 8.13 米的 3 层汉白玉石台基上。其中太和殿面积 2370 平方米，高 33.33 米，重檐庑殿黄色琉璃瓦顶，是现存中国古代建筑中最高大的建筑，是封建皇权的象征。皇帝登极、万寿、大婚、册立皇后等均在这里举行。太和殿后面是中和殿。这是一个亭子形方殿，殿顶把四道垂脊攒在一起，正中安放着一个大圆金宝顶，轮廓非常优美。保和殿顶为重檐歇山式，殿内沿袭宋、元"减柱造"法式，空间开阔，在清代是宴请王公、举行殿试的地方。

从保和殿出来，下了石级，是一片长方形小广场，西起隆宗门，东到景运门。它把紫禁城分为前后两大部分。广场以南，主要建筑是三大殿和东西两侧的文华殿、武英殿，叫"前朝"。广场北面的乾清门

◎太和殿

◎保和殿

以内叫“内廷”，是皇帝和后妃们起居生活的地方，主要建筑有乾清宫、交泰殿、坤宁宫、东六宫和西六宫。

乾清宫是皇帝处理日常政务，批阅各种奏章的地方，后来还在这

◎中和殿

◎乾清宫

里接见外国使节。乾清宫后面是交泰殿，交泰殿后面是坤宁宫。坤宁宫是皇后宫，也就是皇帝结婚的地方。乾清宫、交泰殿、坤宁宫称“后三宫”。其布局和前三殿基本一样，但庄严肃穆的气氛减少了，彩

◎后三宫御花园风景

画图案也有明显的变化。前三殿的图案以龙为主，后三宫凤凰逐渐增加，出现了双凤朝阳、龙凤呈祥的彩画，还有飞凤、舞凤、凤凰牡丹等图案。

后三宫往北是御花园。御花园有大小建筑二十多座。从御花园出顺贞门，就到了紫禁城的北门神武门。神武门对面就是景山。景山是明代修建紫禁城时，用护城河中挖出的泥土堆起来的，现在成了风景优美的景山公园。站在景山的高处眺望故宫，重重殿宇，层层楼阁，道道宫墙，错综相连，而井然有序。

整个紫禁城宫殿建筑，是中国历代宫殿建筑的继承与发展，是中国现今保存最完整、规模最宏伟的古代宫殿建筑群。

文物荟萃的殿堂

故宫博物院收藏有大量古代艺术珍品，据统计共有 1052653 件，占中国文物总数的六分之一，是中国收藏文物最丰富的博物馆，也是世界著名的古代文化艺术博物馆，其中很多文物是独一无二的无价之宝。

为了使馆藏瑰宝和广大观众见面，故宫博物院在陈列展览方面，除了保存和复原三大殿、后三宫和西六宫等处的原状陈列之外，还不定期开辟了青铜、陶瓷、工艺、书画、珍宝、钟表等专馆，供参观者欣赏。

故宫博物院的陈列展览分两大类。

一类为宫廷史迹原状陈列，目前保存和恢复的有前三殿、后三宫、西六宫、养心殿等多处。与宫廷历史有关的文物专门陈列有养性殿、乐寿堂、颐和轩的宫廷收藏珍宝陈列（珍宝馆）、奉先殿的宫廷藏钟表陈列（明张宏《击缶图》钟表馆）、乾清宫东庑的《清代典章文物展览》、坤宁门东板房的《清代玩具展览》、阅是楼（养性殿东侧）的《清代戏剧文物陈列》。

另一类为历代艺术陈列，开辟有专馆长期或定期展出藏品。现有保和殿及其东西两庑的《历代艺术馆》，斋宫、诚肃殿、景仁宫的《青铜器馆》，承乾宫、永和宫的《陶瓷馆》，钟粹宫的《明清工艺美术馆》，景阳宫的《文房四宝馆》，皇极殿东庑的《铭刻馆》，皇极殿及其西庑的《绘画馆》。《绘画馆》为不定期展览场所，经常轮换展出院藏历代法书名画。

◎故宫博物院陶瓷藏品

故宫博物院还举办各

种临时特别展览，较大规模的展出有《敦煌艺术展览》、《五省市出土文物展览》、《三门峡出土文物展览》、《全国流散文物展览》、《汉中山靖王墓出土文物展览》、《全国出土珍品文物展览》、《故宫博物院建院 60 周年展览》等。

文物南迁和一分为二

1931 年，日本帝国主义发动九一八事变，占领中国东北，之后又步步进逼华北，形势危急。1933 年，为了保护文物的安全，不至遭到战火毁灭或被日本帝国主义掠夺，时任故宫博物院院长的马衡决定采取文物避敌南迁之策，择其精要装箱南迁，并在南京建立文物库房，成立故宫博物院南京分院。1933 年 2 月至 5 月间，故宫博物院先后检选出文物、图书、档案 13427 箱又 64 包，分五批运到南京。

1937 年，卢沟桥事变爆发，日本发动全面侵华战争。南迁文物又历尽艰险，分三路辗转迁徙至四川，分别储藏于巴县、乐山、峨眉山等地。日伪占领北平时期，日本侵略者从故宫掠走铜缸、铜炮、铜灯等计 149 件，溶毁制造武器。1945 年抗日战争胜利，北平收复。国民党政府再度接收故宫博物院，马衡继任院长，三处南迁文物又集中于重庆，于 1947 年运回南京。1947 年 9 月，古物陈列所合并至故宫博物院。

◎马衡

1949 年 2 月，北平解放，故宫博物院由中国人民解放军北平军事管制委员会文化接管委员会接管。同年 10 月 1 日，中华人民共和国建立，故宫博物院隶属中央人民政府文化部。但在中国人民解放军即将渡江之际，自 1948 年底至 1949 年初，南京国民党政府从南京库房中挑选出 2972 箱文物运往台湾，后于台北市士林外双溪建立新馆，公开对外展出。余下的大批文物，约 1 万余箱在 1949 年以后陆续运回故

◎台北故宫博物院

宫博物院。

因为战争，故宫的文物分处异地，博物馆也正式分为北京故宫博物院和台北故宫博物院。这份祖国传统文化珍藏应是一个整体，尤其不应该与紫禁城建筑分离。相信，总有一天，其终将得以完璧。

圆明园遗址公园

概况

圆明园位于北京市海淀区，与颐和园紧相毗邻，共占地近 350 多万平方米，是一组清代的大型皇家园林，由圆明园及其附园长春园和绮春园组成，三园紧紧相邻，通称为“圆明三园”。1997 年 7 月，圆明园被中宣部公布为第一批全国爱国主义教育示范基地。

圆明园最初是康熙皇帝赐给皇四子胤禛（即后来的雍正皇帝）的花园。雍正皇帝即位后，在圆明园南面增建宫殿衙署，占地面积由原来的 40 多万平方米扩大到 200 多万平方米。此后，圆明园不仅是清朝皇帝休憩游览的地方，也是他们朝会大臣、接见外国使节、处理日常政务的场所。

乾隆皇帝在位时，在圆明园内调整了园林的景观，增添了建筑组群，并兴建了长春园和绮春园（同治时改名万春园），圆明三园的格局基本形成。同时，在郎世宁、王志诚、蒋友仁的携手努力下，在长春园北面建造了中西合璧的西洋楼景区。圆明园由此开创了中国历史上将西方园林艺术融入中国古典皇家园林的先例。

嘉庆朝主要对绮春园进行修缮和拓建，使之成为主要园居场所之一。道光年间，国事日衰，财力不足，但仍不放弃圆明三园的改建和装饰。

◎圆明园遗址公园正门

圆明园规模宏伟，融会了各式园林风格，运用了各种造园技巧，被大多数中国园林学家认为是中国园林艺术史上的顶峰作品。清朝时一些在中国的外国传教士把它称作“万园之园”。

圆明园的园林造景多以水为主题，因水成趣，其中不少是直接吸取江南著名水景的意趣。圆明园后湖景区，环绕后湖构筑九个小岛，是全国疆域《禹贡》“九洲”之象征。各个岛上建置的小园或风景群，既各有特色，又彼此相借成景。

圆明园还有个显著特点，就是大量仿建了全国各地特别是江南的许多名园胜景。乾隆皇帝曾经六次南巡江浙，多次西巡五台，东巡岱岳，巡游热河、盛京（即沈阳）和盘山等地。每至一地，凡他所中意的名山胜水、名园胜景，就让随行画师摹绘成图，回京后在园内仿建。据不完全统计，圆明园的园林风景，有直接摹本的不下四五十处。杭州西湖十景，连名称也一字不改地在园内全部仿建。

圆明三园共有一百余处园中园和风景建筑群，即通常所说的一百景，集殿堂、楼阁、亭台、轩榭、馆斋、廊庑等各种园林建筑，共约

◎圆明园内景

16 万平方米。比故宫的全部建筑面积还多一万平方米。在园林布局上，因景随势，千姿百态；园中各景又环环相套，层层进深，形成了丰富多彩、自然和谐的整体美。

法国传教士王致诚曾这样描述：“圆明园的建筑，形式变化较多，而且参差不齐，不落窠臼。它的每一座小的宫殿，都仿佛是按照奇特的模型制成的，像是随意安排的，没有一座与其他一座雷同。一切都如此饶有兴趣，人们不能在一览之下，就领略这幅景色，必须一点一点地仔细研究它。”

圆明园不仅以园林著称，而且也是一座皇家博物馆，收藏极为丰富，堪称文化宝库。雨果曾说：“即使把我国（法国）所有圣母院的全部宝物加在一起，也不能同这个规模宏大而富丽堂皇的东方博物馆媲美。”

圆明园的“哭泣”

1856 年 10 月至 1860 年 10 月，英、法两国为了夺取更多的殖民特权，联合发动了侵华的第二次鸦片战争。清政府腐败无能，采取摇摆不定的政策，以致节节败退。1858 年 5 月，英法侵略军在俄、美两国的支持下，攻占大沽，近逼天津，清政府被迫与英、法、俄、美签订了丧权辱国的《天津条约》。

1860 年 7 月，英法侵略军万余人闯至大沽口外，借口护送公使进京换约而重燃战火。清政府战守不决，侵略军未经战斗自北塘登陆，不日大沽口北炮台失陷。咸丰帝命海口撤防、议和，侵略军直逼通州。9 月 18 日，通州谈判决裂。9 月 21 日，八里桥决战，清军先重创侵略军而后溃败。

9 月 22 日晨，咸丰帝自圆明园仓皇逃往承德。10 月 6 日，英、法联军向北京城西北郊进犯，僧格林沁所率清军残部不战而逃，侵略军直扑圆明园。

10 月 7 日，英法侵略军官兵涌入圆明园大施抢掠，亿万文物珍藏被洗劫一空，不能带走的东西就全部捣碎。当 10 月 9 日法国军队暂时撤离圆明园时，这处秀丽园林已是满目疮痍。

正当清政府屈膝退让，并答应接受英法议和条件之际，英国侵华头目额尔金、格兰特为迫使清廷长期屈服，又借口其被俘虏人员在圆明园遭到虐待而悍然下令火烧圆明园。10 月 18 日、19 日，英军 3000 余名骑兵，连续两天在圆明园到处纵火。大火三昼夜不熄，这座举世无双的园林就这样被付之一炬。

圆明园被焚后，圆明三园内还残存有一些建筑，仍是皇家禁园，并继续保留总管等官员。同治年间，清政府曾试图部分重修圆明园，但因财力不足而中途作罢。

1900 年，八国联军攻入北京城，慈禧太后携光绪帝仓惶西逃。侵略军在京城内烧杀掳掠，京城内外秩序大乱。土匪、兵痞、管园太监等趁火打劫，推倒残存建筑、拆运木料砖瓦。数月后，圆明园原幸存

◎圆明园遗址

即经同治、光绪两朝修缮、拆盖的百余座数百间园林建筑，均遭彻底毁灭，古树名木被砍伐殆尽。至此，圆明三园除残垣断壁、荒草凄凄之外，幸存者仅有绮春园宫门、福缘门门楼及正觉寺几座屋宇。

清末，作为禁园的圆明园，园内的稻田、苇塘租给园户们植种，每年皇室收取租金。清逊帝退位后，圆明园虽仍属皇室私产，但园内的砖石遗物等遭到巧取豪夺或有组织地损毁。1928 年下半年，北平特别市接管圆明园遗址后，园内残存砖石被多次变卖或经批准挪作他用。就这样，经过入侵者的“抢劫”、“火劫”，以及其后的“木劫”、“石劫”、“土劫”，一代名园最终沦为了一片废墟。

圆明园的重生

新中国成立后，周总理曾经多次力保圆明园遗址。特别是在 1951 年时，他叮嘱都市计划委员会主任梁思成：“圆明园要保留，地不要拨用了。帝国主义把它烧毁，以后有条件，我们还可以恢复嘛。”

1953 年，周总理又及时制止了中央党校拟在圆明园选址建房方案，并对主持党校日常工作的副校长杨献珍说：“圆明园这地方，总有一天会整理出来供国人参观的。国耻勿忘，圆明园遗址是侵略者给我们留下的课堂。”

正是由于周恩来总理的高瞻远瞩，以及当时的彭真市长对保护圆明园遗址和遗物的多次关照，圆明园遗址总算比较完整地保留下来，并在遗址内进行了大规模的植树绿化。共有 10 余万株树木存活并蔚然成林，昔日满目蒿莱的荒凉景象得到了初步改变。这也是后来能够开辟圆明园遗址公园的根本基础。

为了促进遗址保护工作，圆明园管理处于 1977 年 4 月在侯仁之教授、赵光华先生的推动下，邀集各方面专家首次就“遗址保护”进行笔谈和参观座谈。管理处着力通过报纸呼吁加强遗址保护，还专门抽调人员搜集史料、调查遗址现状。

1979年11月，圆明园管理处在西洋楼旧址正式推出“圆明园园史展览”。在1980年，即圆明园罹劫120周年之际，“中国圆明园学会筹委会”成立，并发起“保护、整修及利用圆明园遗址倡议书”签名活动，得到了宋庆龄、习仲勋、沈雁冰、许德珩、张爱萍等知名人士及专家学者社会各界1583人的积极支持。

1983年，北京市政府召开了圆明园遗址保护整修专题会议。“以木为本、以水为纲，以遗址为特色”，成为建园的基本指导思想。

1988年1月5日，圆明园遗址公园试开放。经过各级政府多年不懈的努力，遗址的保护整治工作取得成效，目前已初步形成福海、长春园和绮春园三大景区。春季的“踏青节”、夏季的“荷花节”、秋季的“菊花节”、冬季的游园会四季系列形成特色旅游文化活动。

2001年～2003年间，圆明园先后完成了含经堂遗址的全面考古发掘和遗址保护工程、圆明园唯一残存古建筑——正觉寺修缮一期工程。

◎圆明园古桥

环境整治一期工程取得阶段性胜利，初步完成了西部九洲清晏景区的试点保护，绮春园宫门区环境整治，长春园新改造的荷花区，栽植了精品荷20余种，开办了体现圆明园荷花文化的系列琴、棋、书、画节目以及“欢乐荷花宴”精品荷花美食。圆明园再度成为社会各界关注的焦点。

如今的圆明园遗址公园，以遗址为主题，形成了凝固的历史与充满蓬勃生机的园林气氛相结合的独特的旅游景观，既具有重大的政治历史价值，又是一处难得的旅游胜地。圆明园被毁的悲剧，曾是中华民族屈辱的象征。圆明园的重生，已经成为并将继续成为中华民族奋发图强、日益繁荣昌盛的见证。

八达岭长城

概况

八达岭长城位于北京市延庆县军都山关沟古道北口，史称天下九塞之一，是万里长城的精华。1997年7月，八达岭长城被中宣部公布为第一批全国爱国主义教育示范基地。

八达岭自古便是重要的军事战略要地，春秋战国时期为防御北方民族的侵扰，燕国在此修筑了长城，至今仍然可以看见残墙、墩台，走向与明长城大体一致。明代《长安夜话》记载：“路从此分，四通八达，故名八达岭，是关山最高者。”可见八达岭的地理战略地位。

八达岭长城是我国古代伟大的防御工程万里长城的一部分，建于明代弘治十八年（1505年）。经过明朝八十余年的修建，八达岭长城成为城关相连、墩堡相望、重城护卫、烽火报警的严密防御体系。

中国长城博物馆位于八达岭关城外，是一座全面反映长城的历史、

◎蜿蜒起伏的八达岭长城

政治、军事、经济、文化的综合性博物馆。博物馆面积为 3200 平方米，由时任国家主席江泽民题写馆名，于 2008 年 5 月 18 日正式对社会公众免费开放。

博物馆基本陈列以“世界奇迹·历史丰碑”为主题，由“两千余年·续建不绝”、“恢弘巨制·绵亘万里”、“长城内外·同是一家”、“浩气长存·发扬光大”四部分组成。展览集中了全国各地长城沿线出土的文物、标本，辅以图表、照片、人文景观和模型，并采用触摸屏、投影仪等多媒体手段，对长城——这一中华民族的象征进行全方位的展示。

长城全周影院位于长城博物馆旁，距长城登城口 200 米处，占地面积 1800 平方米，是国内首家环幕型电影院。影院分上、中、下三层。主体部分是全周电影观众厅，直径 20 米，高 7.5 米，有 9 幅巨大

银幕和全方位立体声音响，主要放映360度环幕电影《长城》。影片通过东起山海关，西至嘉峪关6000余千米的长城古迹、战争场面、历史故事、民间传说、春夏秋冬的景色等向观众展示长城的历史和现状。

中华文化名人雕塑纪念园位于八达岭水关长城西南侧。园内安放有冰心、茅盾、叶圣陶、夏衍、田汉、徐悲鸿、郭沫若、曹禺、吴文藻9位文化名人的骨灰、遗物和雕塑。

守卫边疆的明长城

在明朝推翻了元朝的统治后，蒙古族退回漠北，但仍具有较强的实力，因而还不断侵扰明朝内地。这一时期东北的女真族也逐步发展壮大，威胁着明朝政权的统治。明政府为了巩固政权，开始修缮长城，企图阻挡蛮野民族于塞外。

明朝初年，明太祖朱元璋和明成祖朱棣曾几次出兵塞外漠北，取

◎中国长城博物馆

得了军事上的重大胜利，边疆比较稳固。即便如此，明朝也很重视对长城的修缮和加固工作。1368 年，明太祖朱元璋就派大将军徐达修筑居庸关等地边墙。后来，又多次召集内地民工和士兵合力修筑长城。此外，明政府还调动人力和物力在山西沿边建立烽火台，并且在关外各个隘口筑起要塞。

经过几十年的修缮工作，在魏齐长城的基础上，明朝增建了许多烟墩、烽堆、屯堡、关城、濠堑等，从而使长城发展成为一个更为完备的防御体系。

明代中期，由于不断受到北方民族的侵扰，明朝意识到解决北方边境的安全问题刻不容缓。于是，修建了两条长城，一条长城横亘于今陕西北部全境，达到黄河，东连偏关，西接宁、固。另一条长城在今蒙古南山西北部至河北宣化，但是现在基本被毁坏。

明朝后期，北方蓟东沿海一带受到倭寇的骚扰。为了加强京师东北外围的防御，明政府先后在“渤海所南，山陵东、苏家门七十里平

◎嘉峪关城楼正门

坦地”修建长城。另外，在今河北保定以北一带也曾修建长城。

与此同时，明朝在西北地区也修建了长城。这段长城由甘肃黄河两岸北面的芦圹营堡（今景泰境）起、向西经红水河堡、七门堡，至武威东南靖边堡附近古浪河口，与另一道长城会合，直到酒泉西北嘉峪关。

明代长城横跨辽宁、河北、北京、山西、内蒙古、陕西、宁夏、甘肃八个省市自治区全长12700多里，气势雄伟，颇为壮观，前后施工达200多年。城堡分作镇城、路城、卫城、关城和堡城。关城都设在高山峡谷之处，扼守要冲，具有：“一夫当关，万夫莫开”的险要形势。最有名的如长城起点的嘉峪关，位于险峻挺拔的雁门山上的雁门关、坐落在形势险要的平型山上的平型关，以及山西、河北交界处长城最南的关口娘子关等。

明代长城的城墙一般用整齐的条石砌成墙身的外层，内部填满泥土石块，非常坚固。平均高约7.8米，墙基平均宽6.5米，顶部宽5.8米。烽火台也建得高大雄伟。明代长城不仅在建筑上有所突破，而且在防御工程上也做了许多改进和发展。

独特的元首文化

八达岭见证了历史上许多重大事件。第一位帝王秦始皇东临碣石之后，从八达岭取道大同，再驾返咸阳，肖太后巡幸、元太祖入关、元代皇帝每年两次往返北京和上都之间、明朝帝王北伐、清代天子亲征……都要经过八达岭。历代皇亲贵族、文人墨客吟诵八达岭的诗文数不胜数。至于在那些民族纷争、金戈铁马的岁月，八达岭上更是上演过一幕幕恢宏的史剧。

如今，两千年的诸侯争霸，旧中国的苦难，都已经成为遥远的过去。长城十万里，文化五千年。时代赋予了八达岭长城新的使命。它成为联系中国各族人民、海外侨胞、国际友人的友谊纽带。

有400位国家元首、政府首脑，400位“世界巨人”来八达岭长城参观。他们来自不同的国度、不同的社会，他们的文化背景不同、宗教信仰不同、政治见解不同。但是当他们面对历经沧桑而又雄伟壮观的万里长城的时候，都从心底产生了一个跨越国界与隔阂的共识——长城是人类和平与友谊的象征。

八达岭长城是人类的奇迹，又是展示领袖风采的舞台。新中国成立后，400位国家元首和政府首脑在八达岭留下了上千幅照片、160多件亲笔题词、数不清的慨叹以及难以忘怀的轶闻趣事。这一切构成了八达岭长城独有的“元首文化”。

美国前总统尼克松曾在八达岭长城上感慨地说：“太伟大了，只有一个伟大的民族，才能建造出一座伟大的长城。”英国女王伊丽莎白二世则由衷地赞叹道：“我到过许多地方，长城是最美丽的”。俄罗斯

◎山海关

前总统叶利钦说："这是世界上最伟大的工程，在其他地方我从未见过类似的杰作。"

委内瑞拉共和国总统查韦斯用诗一般的语言写道："我们来到了长城，我们感受到了一个千年神圣的力量，许多热情友好的人民生存在它的保护之下。我们会把这所有的一切，像朵花儿一样放在心里带回国去。我们要把委、中团结真实的友谊发扬光大。"

有的国家总统登上了八达岭，总理来了也要登上去；有些国家前一任领导人登了，后任还要接着登；仅美国就有 4 任总统先后登上八达岭长城。乌拉圭总统桑吉内蒂和泰国总理川·立派等许多领导人，都是两次甚至是多次登上八达岭长城。

1998 年 6 月 10 日，年逾八旬的意大利总统斯卡尔法罗来到了长城。他听取了长城的介绍后，陷入沉思。突然，意想不到的事情发生了。这位须发花白的老人在长城上大步地奔跑起来，警卫们不知道发生了什么事，只好拼命跟着狂奔。总统跑了有二三十米，才意犹未尽地站住。中方陪同人员问："总统先生感触一定很多吧?"卡尔法罗总统稍思片刻，然后很严肃地说："在这么伟大的建筑物面前，最好什么也不要说，沉默代表了一切，中国人的确伟大。"

或许是历史的巧合，2002 年 2 月 22 日，也就是尼克松总统登临八达岭长城之后整整 30 年后，时任美国总统的乔治·沃克·布什，在访华行程中特意安排了游览八达岭长城。在长城上，他问身边的导游："30 年前，尼克松总统攀登到哪里?"导游指着城墙告诉他位置后，布什总统说："我要再向前走几步，我要超过尼克松总统当年的纪录。"由于对长城的神往，布什总统的专机不得不推迟了半个小时起飞。临行前，布什总统在签名簿上写下了：祝愿我们的人民永享和平与好运。

为适应中国外交事业发展的需要，更好地展示"元首文化"的精彩，八达岭长城利用复建关城古建筑，修建了一座专门用于外事接待的“元首接待厅”。在这里举行简单的礼宾仪式，向外宾颁发登长城纪念证书和赠送纪念品。各国元首、首脑登长城的照片、题词、互赠的礼品等文物都陈列在那里，形成了八达岭长城一处特殊的景观。

周口店遗址博物馆

概况

周口店遗址博物馆坐落在北京城西南房山区周口店龙骨山脚下，是一座古人类遗址博物馆，始建于1953年。1997年7月，该博物馆被中宣部公布为第一批全国爱国主义教育示范基地。

周口店遗址博物馆系统地向我们介绍了60万年前的“北京人”、

◎周口店遗址博物馆

◎山顶洞洞口

10 万年前的“新洞人”、18000 年前的“山顶洞人”的生活环境、生活状况。博物馆序厅正面为龙骨山立体模型，展柜中摆放着周口店地区从 4 亿年前到 1 亿年前的各种岩石标本，反映了该地区沧海桑田的地质变化过程。

第一展厅展示了北京猿人头盖骨化石模型、古人类用火遗迹以及粗糙简陋的石制砍斫、切割、乱削和雕刻工具。

第二展厅以复原模型展示了北京猿人居住的洞穴以及他们的生活场所。

第三展厅主要介绍龙骨山上发现的二十余处脊椎动物化石遗址和古人类活动过的遗址分布点。其中展出的一串青贝壳、兽牙、小石头制成的古老的项链，是 18000 年前山顶洞人的遗物。

第四展厅陈列着中国和世界各地发现的各个时期的古人类化石、

旧石器，以及旧石器时代晚期人类的绘画、雕刻等艺术品。

人类的始祖——北京猿人

1921 年，时任中国政府矿政顾问的瑞典地质学家及考古学家安特生曾到周口店龙骨山做调查。他说：“有一种预感，我们祖先的遗骸就躺在这里。”之后，奥地利古生物学家师丹斯基果然在此发现了两枚猿人的牙齿。于是，1926 年，安特生在瑞典皇太子伉俪访华的欢迎会上宣布了这一消息。

正式的发掘工作于 1927 年开始。在其后十年的考古过程中不断有重要发现。1929 年，在一次以中国学者裴文中为主持的发掘中，考古人员发现了第一个北京猿人的完整头盖骨，使延续了二十多年的“爪哇人”是人还是猿的争论终于有了答案，并由此把人类历史向前推进了五十万年。从那时起，周口店北京猿人遗址成为了世界著名的文化

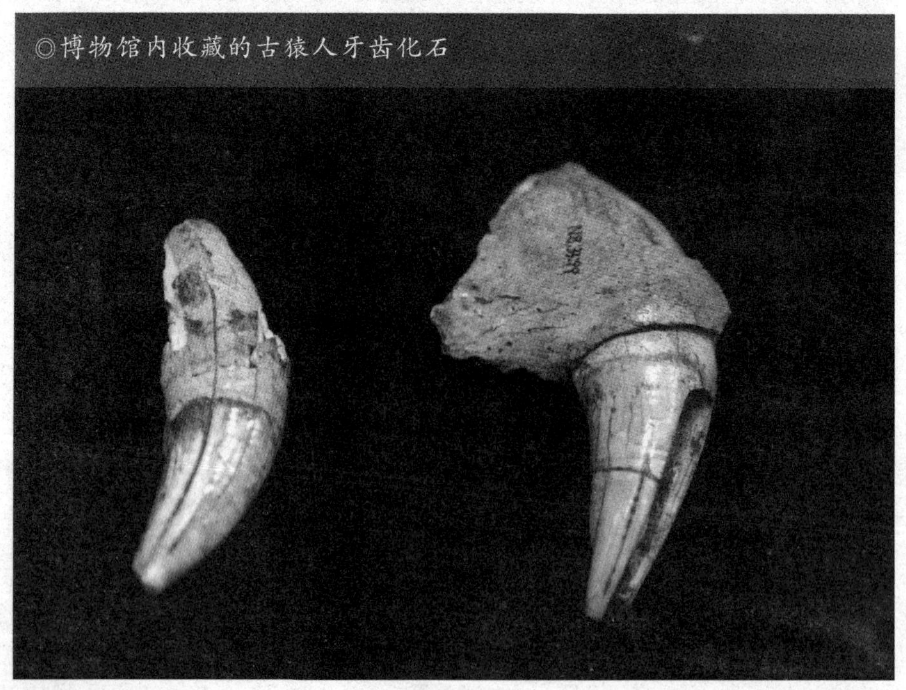
◎博物馆内收藏的古猿人牙齿化石

圣地。

龙骨山北京猿人出土的第一地点是一个石灰岩洞穴。洞穴的堆积层厚达 40 多米，从上至下共分为 17 层，北京猿人就出现在 3 至 11 层。从对在此出土的 6 具头骨，15 个下颌骨，150 多颗牙齿和相当数量的肢骨以及所在层位的科学测定，可以得知：北京猿人生活的时代为距今 70 至 23 万年间。

北京猿人体格强壮，毛发浓密，四肢灵活，直立行走，上下肢比例和四肢形态基本上类似于现代人，但骨壁比现代人厚。头部与现代人差别较大。北京猿人头骨壁厚，前额低平，最宽处在外耳门附近，有突出的眉骨和粗壮的枕骨，头顶正中有一条由前向后的尖状脊，下颌骨也特别粗大，多颌孔，无下颏。“北京人”的脑子形态较扁，像个基部较大的圆馒头，其脑量约为 915 ~ 1225ml，成人平均为 1088ml，介于现代人和猿之间。

◎北京猿人头骨模型

北京猿人重要的生产活动是采集。当时，周口店一带是广阔的温带草原和茂密的针叶林。野生植物果实、嫩叶、块根、鸟蛋就成了他们理想的采集对象。同时，在这样的环境中，猎物也是他们必要的食物来源。肉类可以为他们提供更多的蛋白质和热量。他们不仅能捕捉昆虫、蛙、蛇和鸟等小动物，而且能够利用工具，捕捉跑得快的鹿、野马、野猪、水牛等大型动物和猛兽。

懂得用火是人类一个伟大的成就。利用火的威力可以把野兽从洞穴中赶跑或用于防卫；火在夜间给人以光亮，在寒冷时给人以温暖；火能烤熟食物，便于消化，促进人类体质的成长发育。“北京人”不仅懂得用火，而且有控制火和保存火种的能力。在遗址洞中发现的用火遗迹十分丰富，包括五个灰烬层、两处保存很好的灰堆遗存。被火烧过的运动骨骼则在北京猿人活动的各遗址中都有发现。

另外，北京猿人已经会制造工具。制造工具是人类区别于动物的

◎山顶洞人生活场景（雕塑）

主要特征。北京猿人制造工具的方法是用石头打击石头，这样制造出的石器称为“打制石器”，也是“旧石器时代”的主要工具。

除打制石器外，北京猿人还制造了刮削器、尖状器、砍砸器、雕刻器、石锥和球形器等工具。在猿人洞遗址中，仅出土的石器和制作过程中留下的原料及碎片就多达10万件以上。

从距今50多万年开始，一直到距今20多万年为止，在长达约30万年的时期里，北京猿人一直居住在猿人洞中，创造了原始文明，后来因洞穴被堆积物填满，迁居别处。

化石失踪之谜

周口店古人类化石在地下沉睡了数十万年之后，于上世纪二十年代重见天日，震动了学术界，成为世界人民的宝贵财富。但是这些化石得而复失，神秘地失踪，至今都没有找到。

1929年北京猿人头盖骨化石在发掘出土后，被放置在由美国洛克菲勒基金会投资的北京协和医院。

1937年7月，日本发动全面侵华战争，北京沦陷于日寇之手。当时，日寇虽有心染指北京人头盖骨化石，却因未曾参资考古发掘，又顾忌与美国的关系，不敢轻举妄动。

1941年，“珍珠港事变”前夕，日美关系越来越紧张。在战火纷飞的年月里，考虑到安全问题，时任中国地质

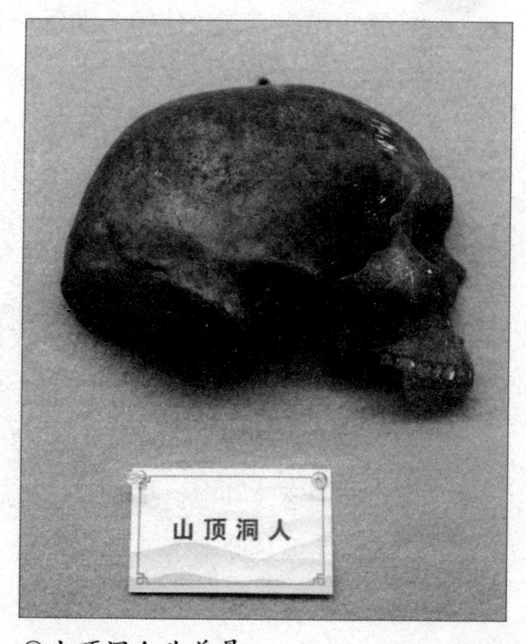

◎山顶洞人头盖骨

调查所所长的翁文灏和协和医院负责人胡恒德决定把化石送往美国去暂时保管。

1941 年 11 月，胡承志（时任北京协和医院新生代研究室技士）和吉延卿（时任协和医院解剖技术员）将古人类化石和部分动物化石装了两个木箱。“一个长 48 寸、高 11 寸、宽 22 寸，另一个长 45 寸、宽高各 22 寸。装箱十分考究，先将化石用擦显微镜头的细棉纸包好，再用软纸包好，然后裹以洁白的医用吸水棉花，再用粉莲纸包上，最后把医用细纱布多层包在外面，然后装入小木盒，并在小木盒里填满吸水棉花。小木盒装进大木箱后，用木丝填充塞满”。

至于牙齿化石，均装入小纸盒内，上面有玻璃，内填棉花，玻璃上有红边的标志号码，并详细注明牙齿所属部位。两个木箱装好后，大箱上标有“CADI”字样，小箱上标有“CAD2”字样，然后，把箱子送到北京协和医院总务长埔文的办公室。

据胡承志回忆，他们将箱子送到埔文办公室后，埔文说大约会在 11 月底将箱子送到美国大使馆，准备由美国海军陆战队带到美国自然历史博物馆去。12 月 5 日早晨 5 点钟，装有化石箱的美国海军陆战队专用列车将离开北京，沿着京山铁路向位于渤海边的秦皇岛开去，打算把化石箱转送一艘由上海驶来的美国定期轮船——哈里逊总统号，这艘轮船预定 12 月 8 日到达秦皇岛。

但是，还没来得及实现这个计划，“珍珠港事件”就发生了。12 月 8 日，日军迅速占领了包括协和医院在内的美国在北京、天津和秦皇岛等地的所有机构。海军陆战队的专用列车在秦皇岛被截。哈里逊总统号一直没能驶抵秦皇岛。它从菲律宾首都马尼拉开航后，中途被一艘日本军舰追逐，并在长江口附近搁浅了。

两箱无价之宝从此下落不明。

周口店古人类化石丢失以后，有很多传闻。

一种说法是，日本人在秦皇岛把从美国海军陆战队专用列车上卸

◎猿人模型

下来的箱子装上一艘驳船，准备送到开往天津的货船上去，不幸的是船翻了，化石沉于海底。

另一种说法是劫船的日本人不懂得这些化石的价值，或许把它们当作破烂扔掉，或许把它们当作“龙骨”卖给商人。

还有一种说法是，装有这些化石的箱子已经运到天津美国陆战队兵营，但还没来得及装船，兵营被日本人占领，化石从此不知去向。

日本战败后，传说在日本找到了周口店古人类化石。后来证实，这是一个误会。当时找到一批被日军当作战利品运往日本的东西，后归还中国。其中包括周口店各地点不同水平层的平面图和剖面图一套；野外工作办公处简报和帐目 11 套；给外国的周口店哺乳动物化石清单 1 套；周口店外景地电影片 7 本；另外还有许多山顶洞、猿人洞和 15 地点的动物化石和原始工具以及文件（英文）3 卷。在归还的物品中，并没有北京猿人头盖骨的化石。

李大钊烈士陵园

概况

李大钊烈士陵园位于北京风景秀美的香山脚下、万安公墓中部，距市区 20 公里。陵园占地面积为 2200 平方米，坐西朝东，是在上世纪 30 年代万安公墓主体建筑的基础上改建的，为庭院式仿古建筑。2001 年 6 月，该陵园被中宣部公布为第二批爱国主义教育示范基地。

走进陵园，迎面即可看见全高 2 米的李大钊烈士雕像。烈士昂首挺胸，背负双手，儒雅质朴，和蔼中透着百折不回的刚毅，传神地再现了李大钊生前的风采。雕像背后是李大钊及夫人赵纫兰的墓地。烈士墓位在高出地面约一米的方形台上，平面四周绕以万年青等花景。

方台最西面是用黑色大理石镶嵌而成的烈士墓碑。墓碑的正面是邓小平同志的题词："共产主义运动的先驱伟大的马克思主义者李大钊烈士永垂不朽。"背面是中共中央撰写的《李大钊烈士碑文》，全文共 2000 余字，高度概括了李大钊光辉的一生和永垂不朽的业绩。

◎李大钊烈士陵园

◎李大钊烈士雕像

陵园西面正厅是烈士生平事迹陈列室。其中，第一展室通过大量的图片、实物资料展示了李大钊在天津法政专门学校读书，在日本早稻田大学留学及后来接受并传播马列主义的经历。展览分为“幼失怙恃，少年立志”、“深研政理，探索振兴民族之良策”、“投身五四新文化运动”、“名重当世的学者和青年导师”、“讴歌俄国十月革命传播马克思主义”、“为创建中国共产党而奋斗”、“奔走国民革命统一战线，促进北伐胜利”、“领导北方地区的革命斗争”、“为共产主义英勇献身”、“永远活在人们心中”十个部分，全面介绍了烈士 38 年光辉战斗的历程，歌颂了李大钊作为中国最早的马克思主义者，中国共产党早期领导人，为中国革命事业所做出的贡献。

陈列重点展示了李大钊在任北京《晨钟报》总编辑和《新青年》

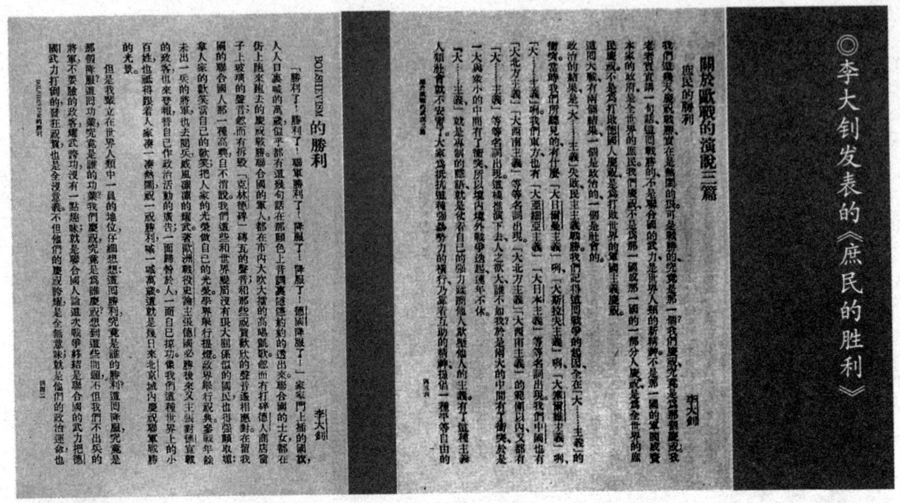
◎李大钊发表的《庶民的胜利》

關於歐戰的演說三篇

庶民的勝利

李大釗

我們這幾天慶祝戰勝、實在是熱鬧的很。可是戰勝的究竟是那一個？我們慶祝、究竟是為那個慶祝？我老老實實講一句話、這回戰勝的、不是聯合國的武力、是世界人類的新精神。不是那一國的軍閥或資本家的政府、是全世界的庶民。我們慶祝、不是為那一國或那一國的一部分人慶祝、是為全世界的庶民慶祝。不是為打敗德國人慶祝、是為打敗世界的軍國主義慶祝。

這回大戰、有兩個結果、一個是政治的、一個是社會的。

政治的結果、是「大……主義」失敗、民主主義戰勝。我們記得這回戰爭的起因、全在「大……主義」的衝突。當時我們所聽見的、有什麼「大日耳曼主義」咧、「大斯拉夫主義」咧、「大塞爾維亞主義」咧、「大……主義」咧。我們東方也有「大亞細亞主義」「大日本主義」等等名詞出現。我們中國也有「大北方主義」「大西南主義」等等名詞出現。「大北方主義」「大西南主義」的範圍以內、又都有「大……主義」等等名詞出現。這樣推演下去、人之欲大、誰不如我？於是兩大的中間有了衝突、於是一大與眾小的中間有了衝突、所以境內境外戰爭迭起、連年不休。

「大……主義」就是專制的隱語、就是仗著自己的強力蹂躪他人欺壓他人的主義。有了這種主義人類社會就不安寧了。大家為抵抗這種強暴勢力的橫行、乃靠著互助的精神、提倡一種平等自由的

BOLSHEVISM的勝利

李大釗

「勝利了！勝利了！聯軍勝利了！降服了！降服了！德國降服了！」家家門上插的國旗，人人口裏喊的萬歲，似乎都有這幾句話在那顏色上音調裏隱隱約約的透出來。聯合國的士女，都在街上跑來跑去的慶祝戰勝。聯合國的軍人，都在市內大吹大擂的高唱凱歌。忽而有打碎德人商店窗子上玻璃的聲音，忽而有拆毀「克林德碑」磚瓦的聲音，和那些祝賀歡欣的聲音遙相應對。在留我國的聯合國人那一種高興，自不消說。我們這些和世界變局沒有很大關係似的國民，也得強顏取媚，拿人家的歡笑當自己的歡笑，把人家的光榮做自己的光榮。學界舉行提燈，政界舉行祝典，參戰年餘未出一兵的將軍，也去閱兵，威風凜凜的耀武。著歐洲戰役史論主張德國必勝，後來又主張對德宣戰的政客，也來登報，替自己作政治活動的廣告；一面歸咎於人，一面自己掠功。像我們這種世界上的小百姓，也祇得跟著人家湊一湊熱鬧，祝一祝勝利，喊一喊萬歲。這就是幾日來北京城內慶祝聯軍戰勝的光景。

但是我輩立在世界人類中一員的地位，仔細想想：這回勝利，究竟是誰的勝利？這回降服，究竟是那個降服？這回功業，究竟是誰的功業？我們慶祝，究竟是為誰慶祝？想到這些問題，不但我們不出兵的將軍，不要臉的政客，耀武誇功，沒有一點趣味，就是聯合國人論這次戰爭終結是聯合國的武力把德國武力打倒的，發狂祝賀，也是全沒意義。不但他們的慶祝誇耀，是全無意味，就是他們的政治運命也

杂志编辑期间，发表的《庶民的胜利》、《布尔什维克主义的胜利》等文章；创办《每周评论》，积极领导五四运动，在北京发起马克思学说研究会和共产主义小组的情况。

挽回民族之青春

李大钊，字守常，1889年生于河北省乐亭县大黑坨村。他从小父母双亡，由祖父抚养长大。祖父是个读书人，一心想把李大钊培养成光宗耀祖的读书人。而李大钊却选择了一条光耀整个中华的艰难的革命道路。

1913年冬，李大钊在友人的资助下留学日本。在日本提出灭亡中国的“二十一条”后，他参加留日学生总会的爱国斗争，后来又和林伯渠等爱国志士组织神州学会，进行反袁斗争。1916年，出于国内斗争需要，他于5月中旬毅然放弃学业回国。

回国后，李大钊创办了《晨钟报》，“铁肩担道义，辣手著文章”，对军阀、官僚、政客的罪恶行径进行揭露；编辑《甲寅》日刊，大力倡导反对军阀统治和封建文化。

1918 年 1 月，李大钊和陈独秀一起创办《新青年》——新文化运动旗帜的刊物。俄国十月革命发生后，李大钊从中看到了中国的希望，看到了新世纪的曙光。他在《法俄革命之比较观》一文中指出：十月革命是社会主义革命，是推动世界革命的巨大力量。不久，李大钊又写了《布尔什维克的胜利》一文，庄严宣告：“试看将来的环球，必是赤旗的世界!”

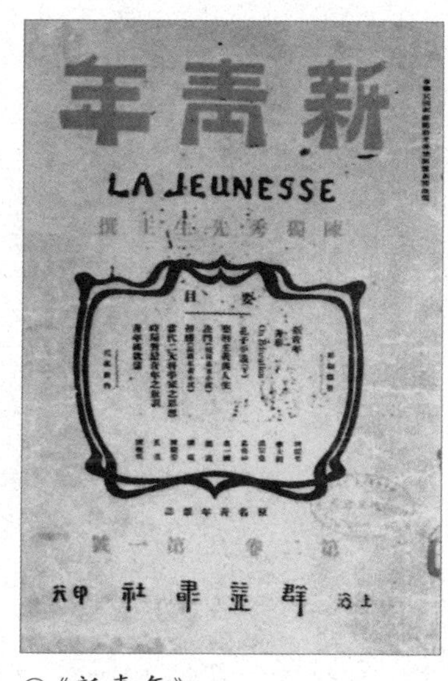
新青年
LA JEUNESSE
陳獨秀先生主撰
第二卷 第一號
上海群益書社印行

◎《新青年》

1919 年，五四运动暴发。在这场革命风暴中，李大钊不仅起了领导作用，而且常和学生一起游行示威。由于反动当局出动武力镇压，陈独秀和很多爱国学生被捕。李大钊又四处奔走，多方呼吁，积极设法营救。

◎油画：《五四运动》

五四运动胜利结束后，共产主义小组在全国各地纷纷成立。1920年夏，陈独秀在上海成立了共产主义小组。随后，李大钊也在北京成立了共产主义小组。

为了筹建中国共产党，李大钊和陈独秀曾有书信往来。陈独秀问李大钊未来的党是叫共产党，还是叫社会党。李大钊在信中明确告诉他：未来的党应该叫共产党。这就是历史上著名的“南陈北李，相约建党”。

1921年7月，中国共产党成立，迎来了新世界的第一缕曙光。李大钊作为党的创始人之一，虽没有参加党的一大，但是他对党的成立做出了不可磨灭的历史功绩。

回国前，李大钊曾在《青春》一文中写道：“冲决历史之桎梏，涤荡历史之积秽，新造民族之生命，挽回民族之青春。”李大钊是这样写的，也是这样做的。他把自己的全部生命都投入到了“挽回民族之青春”的运动中。

不为稻粱谋的执鞭士

作为北大的教授，李大钊有着显赫的社会地位，丰厚的收入。他本可以住洋房，坐汽车，但是他并没有这样做。恰恰相反，他的生活非常清贫。每月一百二十元工资，除了维持全家生活花去三、五十元外，其余全部用来接济贫寒青年和支援革命活动。

每到发月薪的时候，会计科总是给李大钊送来一大叠借条。扣除后，薪金已所剩无几，以至于李夫人常为家庭的生计而忧虑。蔡元培校长知道后非常感动，亲自关照会计科，每月发薪时硬性扣下一部分钱直接交给李夫人，以免她“难为无米之炊”。

虽然李大钊拿出大部分工资作为党的活动经费，但他对党费的用途限制极为严格。冬天，李大钊家中因无力买煤而冷如冰窖。有人提出拿出一小部分党费买煤，遭到了他的坚决反对。

中国共产党成立后，李大钊代表党中央全面指导北方的工作。国共合作以后，李大钊身负国共两党全作后北方组织的领导责任，他团结国民党左派，大力开展北方区的革命斗争。北洋军阀对此十分惧怕和仇恨，于 1924 年 5 月下令通缉李大钊。

面对反动政府的迫害，李大钊丝毫没有惧惧。他说："目前统治者这种猖狂行为，只不过是一时的恐怖罢了。不出十年，红旗将会飘满北京。看那时的天下，究竟是谁人的天下！"

1926 年 3 月 19 日，即"三·一八"惨案后第二天，段祺瑞政府下令通缉爱国运动的领导人。李大钊是第一个。

当时正是北伐战争前夜，南方革命形势日益高涨。北方反动军阀打着"讨赤"的旗号，加紧迫害革命者，试图将国民军消灭。1926 年 4 月，国民军推翻段祺瑞政府后，遭到直、奉军阀联合进攻，被迫退出北京。随后，奉系军阀控制了北京。张作霖以"宣传赤化"为名枪杀了《京报》主笔邵飘萍、《社会日报》主笔林白水，并到处搜捕革命者。

在这异常险恶的白色恐怖中，为保存革命力量，迎接大革命高潮，许多共产党员被调离北京，国民党领袖也纷纷南下。国共两党北方的领导责任由李大钊一人承担。李大钊的工作变得更加紧张繁忙。

面临白色恐怖，李大钊毫不考虑个人安危，坚持革命工作。他练习打枪，并为应付可能出现的事变做好了一切准备。虽然他知道形势的严峻性，但从没有想过离开北京，离开工作岗位。

当张作霖的奉军进攻北京，冯玉祥的国民军准备撤离北京时，国民军的一位旅长跑到李大钊的住处，恳切地请他到自己的部队里暂时避一避。但李大钊无论如何也不肯离开自己的战斗岗位。这位旅长只好惋惜地走了。

随后，许多朋友多次托人带信给李大钊，或亲自来看望，劝他离开北京，也都被他谢绝了。他说："要走出北京很简单，就是工作离

◎李大钊牺牲时的绞架

不开，我不会走的。”李大钊的夫人也很担心他。每次劝他离开北京时，他都是坚决地说：“不是常对你说吗，我是不能轻易离开北京的。假如我走了，北京的工作谁来做?”“你要知道，现在是什么时候，这里的工作是多么重要。我怎么能离开呢?”一直到夫人沉默不语，他才不再说下去。就这样，李大钊一直坚守在战斗岗位上，直到牺牲时，还在高呼“共产主义在中国必然得到光辉的胜利”……

焦庄户地道战遗址纪念馆

概况

焦庄户地道战遗址纪念馆位于北京市顺义区龙湾屯镇燕山余脉歪坨山下，距市区 60 公里（现属龙湾屯镇的一个自然村）。2001 年 6 月，该纪念馆被中宣部公布为第二批全国爱国主义教育示范基地。

纪念馆占地面积 47700 平方米。现分为三个参观区，即展馆参观区、地道参观区、抗战民居参观区。

展馆参观区采用中国北方农村传统的四合院设计风格，以青色为

◎焦庄户地道战遗址纪念馆

主色调，占地近 9000 平方米，建筑面积 2000 余平方米。展览内容共分为冀东抗战燃烽火、人民战争建奇功、今日顺义更美好三个部分。陈列以照片、图片和实物为主，还修建了大型立体三维沙盘。

进入展厅，首先映入眼帘的是毛泽东的半身塑像和徐向前元帅的亲笔题词："民兵是党领导下的群众武装组织，在历次革命战争中立下了不朽的功勋。进一步加强民兵建设是我党我军的一项长期战略任务。"

展厅左侧中央位置立有焦庄户民兵组织的创始人、第一任村长马福的人头塑像。展厅右侧中央是一个全村概貌沙盘。上面标示着焦庄户地道示意图。沙盘旁边的地面露出一个黑漆漆的洞口，顺着洞口向下，就是已经修葺一新的地道。

焦庄户地道是焦庄户人民在与敌人斗争的战争实践中逐步完善起来的，全长 11.5 千米。他们把初期简单的隐蔽单口洞连接起来，在地

◎焦庄户民兵挖地道时所用的工具

道内设计和安装了单人掩体、会议室、水缸存放处、陷阱、翻板、碾盘射击孔、地道射击孔、猪圈射击孔等生活设施和战斗设施，最后挖成户户相连，村村相通、四通八达、上下呼应，形成了南到龙湾屯、唐洞、北到大北坞的长达 11.5 千米的地道网。

为更好地展示当年的战争历史场景，焦庄户地道战遗址恢复了 30 米原始地道。该段地道平均高度 1.49 米，最低处仅高 60 厘米，再现了当时地道的原始风貌，并采用声光电等现代化高科技手段真实反映历史。此段地道采用国内首创的玻璃钢与环保粘合剂技术，既起到保护地道的作用，又可以让游客看到当时地道的历史痕迹。

焦庄户在抗日战争时期曾是区公所、十四军分区司令部和卫生处第二卫生所等历史遗迹的所在地。为展示当年的历史风貌，从 2003 年开始，北京市政府对这几处有纪念意义的抗战民居进行了重新修复。

地下长城

焦庄户村是通往平西、平北根据地的必经之路，在战争年代隶属于冀东抗日根据地领导。

日本帝国主义发动全面侵华战争后，日军在占领区建立伪政权，并经常出动日伪军到焦庄户村抓壮丁、抢粮食，无恶不作。

1938 年秋开始，共产党领导焦庄户人民同日寇展开了艰苦卓绝的武装斗争。焦庄户人民同日军开展地道战斗是从 1943 年春天开始的。

当时，村民们只是简单挖几个隐蔽洞。这种洞只能藏一两个人和少量食物。一旦被发现只有束手就擒。为了应付日军的侵略和扫荡，焦庄户人民不断改进地道，开始了一场开挖地道的战争。地道从村里挖到了村外，在山坡、坟墓等有利地形开了口，还修了暗堡。村里的地道各家相通，村外地道往南通到了邻村。

◎油画：《挖地道》

但是这样的地道也还是有缺点。敌人发现洞口后，可以把点着的柴火扔到地道口，向地道里灌烟，也可以在地上，向下挖到地道后，拼命往里灌水，以此来残害藏在地道里的百姓。

1944年冬，冀东抗日根据地教育科长徐进到焦庄户村指导工作。徐进帮助大家在地道中装上了翻板，即在地道中的各个出入口处，搁一块木板，垫上黄土，洒上水，把地道截断，能防烟、防水、防毒气。

除此之外，地道里还装上了单人掩体、陷阱、瞭望孔、射击孔等辅助设施。地道中修建了十几处指挥所和休息室，民兵和群众能较长时间在地道中进行战斗和生活。

到1946年，焦庄户共挖了11.5千米长的地道，村内纵横交错，并和邻村相连，形成了“能藏能走，能防能打”的战斗型地道，一座真正的“地下长城”。

焦庄户人民在抗日战争和解放战争年代，利用地道、地雷同敌人进行英勇顽强的斗争。由于战功卓著，顺义区人民政府于1947年10月授予焦庄户“人民第一堡垒”锦旗。

◎地道遗址纪念馆内展出民兵缴获的日寇装备和武器

从1943年到1948年间，焦庄户人民利用地道共战斗150余次，击毙击伤敌人130多人，俘虏敌人100多人，击毁军车1辆，缴获武器100多支，子弹3500多发和电台1部。

马福瓜地除奸

1939年5月，在中共河北省委领导和发动了冀东20万人抗日

大暴动后，八路军来到焦庄户。焦庄户一带成为抗日游击区。焦庄户村长马福担任秘密办事员，积极为八路军筹粮筹款，买武器送情报。不久，他加入了中国共产党，成为焦庄户最早的党员。

1941 年秋后，冀东地区的抗日斗争有了新的发展。为了巩固抗日游击根据地，保证抗日军民的安全，焦庄户人民开展了除奸反特斗争。

在焦庄户附近的唐洞村，有个恶棍叫张士祥，小名五衣子。他依仗姐夫冯德臣在龙湾屯据点当小队长，当起了日寇的情报员，经常给日本人通风报信，还乘机欺压百姓。游击区领导早就想除掉他，只是没有机会。

1942 年 8 月 11 日清晨，马福吃完早饭，正在院子里整理东西。民兵张敬贤风风火火地跑来，喘着粗气报告说发现了五衣子的踪迹，就在瓜农姚老三的地里。

瓜田里，姚老三坐在瓜棚里，摇着破蒲扇，心喜地看着田地里即将成熟的西瓜。

五衣子歪戴着特务帽，一边哼着小曲，一边歪歪趔趔地向瓜地走来。他走进瓜棚，一屁股坐在板凳上，像大爷似的吆喝道："姚老三，快给来个西瓜！"

姚老三虽然不情愿，还是赶忙把西瓜递过去。五衣子接过瓜掂了掂，又拍两下，就摔到地上："你这小子，不识好歹。弄个生瓜，打发孩子呢？"

姚老三看着满地红红的瓜瓤，心疼地赔着笑脸说："张大哥，我再给您换。"

"不用了！"五衣子站起来，走进瓜地，这边摘下一个打开啃两口，那边用脚踢瓜当球玩。一会儿功夫，他就把瓜地糟蹋得一片狼藉。

姚老三跟在后面，心如刀绞，又不敢发作，只得拉着五衣子的衣服央求他不要这样糟蹋西瓜。

五衣子一甩手，践踏得更加疯狂，还不住地叫骂着："这块瓜地

◎油画:《地道战》

我包了，想怎么糟蹋就怎么糟蹋！不服上炮楼里说去！”

五衣子走到瓜棚门口时，突然一根套猪的钩杆子伸过来。他一看是马福，心里一惊，扭头就跑。张敬贤用钩杆子把他套住，大声喝道：“你到瓜园吃瓜，一不问价，二不给钱，怎么还如此霸道?”

五衣子吓得结结巴巴地说：“我……我欠账!”

马福两眼一瞪，大声斥责道：“欠帐？你欠的账太多了！你欠八路军的账，你欠了抗日政府的账，你欠了乡亲的账。今天是时候清算了!”

五衣子赶忙跪在地上，鸡啄米似地磕头求饶。

马福冷笑了两声，说：“饶命？警告你很多次了，你都当成耳旁风。现在求饶已经太晚了!”……

五衣子被除掉后，焦庄户人民拍手称快。

马福凭着一颗赤胆忠心，满腔热血，在敌人眼皮底下，展开了机智勇敢的斗争。1943 年村政权公开化，他被选举为第一任村长。解放后，人们还习惯地称他为“老村长”。纪念馆筹建时，人们一致赞同在馆内为他立一个塑像，寄托对这位老前辈的崇高敬意和深切怀念。

北京自然博物馆

概况

北京自然博物馆位于首都南城中轴线上的天桥地区，背靠世界文化遗产天坛公园，面对现代化的天桥剧场，具有特殊的文化环境。它的前身是 1951 年 4 月成立的中央自然博物馆筹备处，1962 年正式命名为北京自然博物馆。北京自然博物馆是新中国依靠自己的力量筹建的第一座大型自然历史博物馆，主要从事古生物、动物、植物和人类学

◎北京自然博物馆

等领域的标本收藏、科学研究和科学普及工作。2001 年 6 月，它被中宣部公布为第二批全国爱国主义教育示范基地。

博物馆占地面积 12000 平方米，建筑面积 24000 平方米，展厅面积 8000 平方米，包括四个基本陈列和一个恐龙世界博览。馆藏文物、化石、标本达 10 多万件。其中大型整体古哺乳动物化石数量居世界第二，黄河古象化石、恐龙化石名扬海内外。

“植物陈列”展示了原核生物的细菌、蓝菌，真核生物的藻类、真菌、裸子植物、被子植物等的大量标本及生态照片，再现了植物演化的历程，反映了植物对动物和人类生存具有不可缺少的作用。

“动物陈列”按系统发育顺序展示了主要动物类群，反映了动物界从单细胞到多细胞、从水生到陆生、从简单到复杂的演化历程。

“古生物陈列”踏着史前生命的足迹，通过大量的化石标本展示了

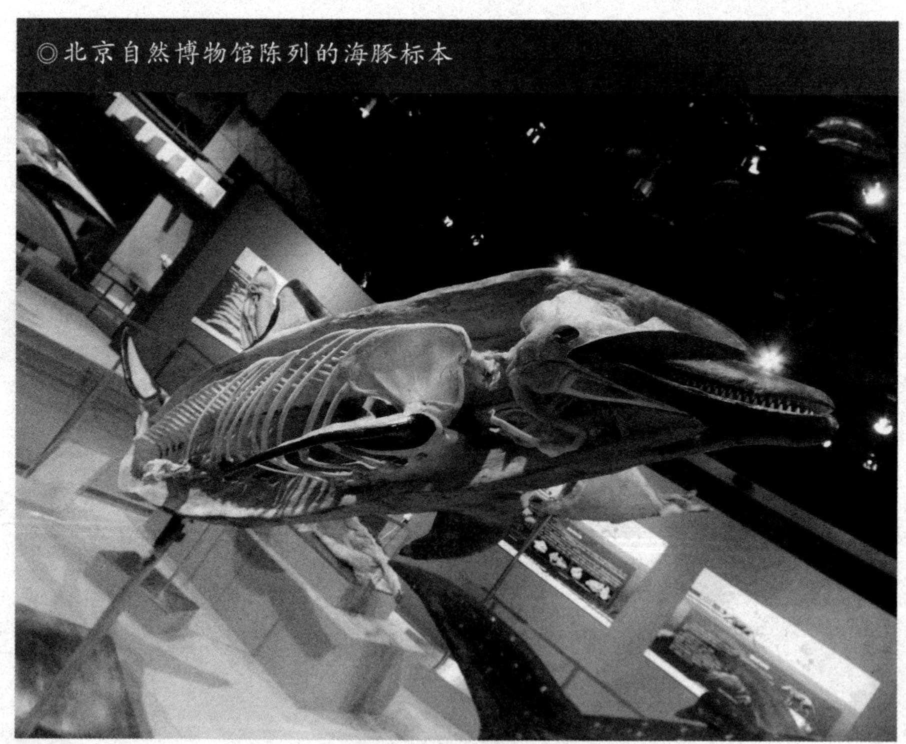
◎北京自然博物馆陈列的海豚标本

脊椎动物从水生到陆生、由变温到恒温、由卵生到胎生的演化历程。

“人之由来陈列”展示了由猿到人的历史进程，以及个体的人十月怀胎的诞生过程，勾画出人类自身的发展轨迹。

“恐龙世界”利用高科技手段将恐龙复原，配以声光电，让观众仿佛回到了亿万年前的远古生态环境中。

北京自然博物馆还有一个青少年活动场所——“探索角”。“探索角”是在吸收国外一些博物馆的先进经验的基础上建立的，宗旨是打破博物馆的传统式展示，变被动的灌输为主动的探索。

“探索角”分为几大活动区。在“报告阅读区”里，观众可以自由阅读科普书籍，还可以上网检索自己感兴趣的信息。“儿童区”主要针对 3 至 7 岁的小朋友，他们在这可以充分发挥自己的想象，画出他们在自然博物馆中的所见所闻。“试验活动”区会定期组织专题实验。在这里观众还可以利用显微镜自由观察微观世界。

此外，“探索角”还提供各种生物学模型供观众自行拼装，并展示着美轮美奂的动物标本与知识牌，更为整个“探索角”增添了无穷乐趣。

揭开恐龙之谜

在最近的几十年里，人们对恐龙的认识有了很大的进展。日本、美国、澳大利亚等许多国家的博物馆不断掀起一股股“恐龙热”，恐龙的形象日益深入人心。中国丰富的恐龙化石资源和恐龙研究进展，在世界上的地位举足轻重。在北京自然博物馆古动物陈列厅中，展示了中国科学家研究恐龙的种种成果。

合川马门溪龙是大厅里最引人注目的。它身长 22 米，高 3.5 米。在马门溪龙的旁边，站着它的兄弟——荣县峨嵋龙，它们都曾生活在四川盆地。

过去人们一直认为这类恐龙是独居的，但从后来发现的恐龙足迹

◎图中较大者为合川马门溪龙化石

分析，它们是群居的。恐龙在成群移动时，较小的和体弱的被夹在中间，较大的、身体强壮的则在四周负责安全保卫。

在马门溪龙的旁边是许氏禄丰龙和棘鼻青岛龙。

许氏禄丰龙是中国已故著名古生物学家杨钟健教授在抗日战争时期发掘、研究的。杨教授认为，禄丰龙属于原蜥脚类。过去，许多古生物学家曾经认为原蜥脚类恐龙是蜥脚类恐龙的祖先，但近年来很多研究者发现这两类恐龙有共生现象，蜥脚类出现比想象得要早。在最近几年于四川盆地出土的大量恐龙化石中，人们又发现了原始蜥脚类恐龙——蜀龙。研究者普遍认为，原蜥脚类与蜥脚类共同来源于槽齿类。展厅里陈列的芙蓉龙就属于槽齿类。

杨钟健教授对棘鼻青岛龙也有研究。这类恐龙属于鸭嘴龙类，很大一部分具有冠状的顶饰。这类恐龙都有哺乳类般的颊囊，进食后可

◎恐龙蛋化石

以反刍。通常情况下，它们幼年生活在水中，成年在岸边生活。

在恐龙骨架旁边陈列的是在中国四川、云南等省发现的保存完好的恐龙足迹。成系列的恐龙足迹可以告诉人们恐龙的生态状况，包括群体大小、年龄长幼、行进方向、奔走速度等。

展厅里还布置了几窝恐龙蛋化石，其中一窝是 1979 年在广东南雄发现的，分三圈排列，共有 29 个长形蛋，是目前世界上保存最完整的一窝恐龙蛋。恐龙足迹和恐龙蛋一向被认为是化石中的珍品。它们的展出，对于普及关于恐龙及远古生命的知识具有重大意义。

恐龙的灭绝，一直是个谜，它吸引着成千上万的大自然爱好者和科研人员去思考、探索。一幅大型的图表向人们展示了不同学派对这一自然之谜的解释。目前最为流行的是灾变论。除了超新星爆炸、小行星撞击地球外，最近还有人提出了新的论点——彗星周期性地闯入地球。这幅图表之所以提供这么多的答案，是为了启发广大观众去思考、探索自然之谜。

世界最完整的板齿象

北京自然博物馆内有一具完整高大的板齿象骨架。它全身为银白色，在碘钨灯的照射下，显得格外庄严、神秘。这具板齿象骨架的发现过程，令人惊奇、激动。

1985 年冬，北京自然博物馆古生物研究室的关键收到了一位宁夏同心县农民的来信。信中说，他们在挖“龙骨”时遇到了非常丰富的化石群。关键收到信后立即赶赴同心县。当他来到丁家二沟村西面的马二嘴子沟的化石埋藏地时，大吃一惊：白色的化石密密麻麻，有头骨、肢骨，还有单个的牙齿，真令人眼花缭乱，他平生还是第一次看到这么集中的化石。经过初步勘查，当关键把测量图及数字拼装在一

◎板齿象化石

起时，奇迹出现了，几只板齿象和一些犀牛的骨架化石摆在了人们面前。这是一个伟大的发现。板齿象是一个特殊的象类，自从被发现以来，人们一直渴望找到它完整的骨架，然而一直未能如愿，今天，它终于在这里出现了。

后来，北京自然博物馆的工作人员把这些化石的碎片装箱运到北京。经过艰苦细致的工作，终于将它们修复，一具世界上最完整的板齿象化石骨架矗立在人们面前。而且，它还是世界上唯一一具完整的板齿象骨架。

这具骨架的发现和修复，打破了此类象无骨架的空白，同时，为这类象的研究提供了宝贵资料。比如，以前人们对板齿象类有几个前指、几个后趾不清楚。现在这个问题得到了解决。陈列在北京自然博物馆古生物展厅中的这具板齿象清楚地显示出四个前指和五个后趾。

中国航空博物馆

概况

中国航空博物馆坐落在北京昌平大汤山脚下，1986 年建馆，1989 年 11 月正式对外开放。博物馆占地 70 余万平方米，馆藏 270 余架飞机、99 架国家文物飞机、近万件航空文物，是中国第一座对外开放的大型航空博物馆，也是目前亚洲规模最大、跻身世界前 5 位的航空博物馆。2001 年 6 月，它被中宣部公布为第二批全国爱国主义教育示范基地。

走进博物馆，门前的广场上由空军四个兵种的兵器实物组成的馆标令人大开眼界。一架歼 –12 飞机以紧急跃升的战斗姿态腾空而起，其航迹就是基座的对称轴。飞机基座由一个巨大的空心圆和艺术构图

◎中国航空博物馆

的空军军徽组成。空心圆象征地球，在此之上，飞机一飞冲天，显示出中国航空事业突飞猛进的气势。飞机两侧分别是四枚“红旗三号”地空导弹和四门一百毫米高射炮，以及一部大型远程警戒雷达。用一架真正的飞机高高支起作为馆标，在世界还是首例。

广场中央，有一座“天魂”碑。它是用从泰山采集的一块完整的黑色花岗岩制成，碑文为：纪念为中华民族航空航天事业献身的先人、同仁和朋友。

馆内共有 100 多种型号的 200 多架飞机，还有地对空、雷达等航空展品共 600 余件，其中不乏精品。中国航空博物馆是中国航空史的缩影，也是飞行器的博览会。展厅由洞库展厅、露天展区和珍宝馆展厅组成。

洞库展厅是利用 70 年代开凿的储机库改造的，宏伟开阔，总面积达 2 万平方米，主要陈列着中国各个时期有代表性的珍贵飞机：初教 −5 结束了中国不能造飞机的历史；歼 −12 是中国完全自行设计的新式歼击机；运 −5 曾将周总理的骨灰撒向祖国大地。

露天展厅主要陈列着世界各国制造的各种飞机。如世界上第一种使用涡轮螺旋桨动力装置的英制“子爵”号运输机，还有其它各类飞机精品。除此之外，馆内还设有“发动机系列展”、“珍品展”、“航空照相设备展”、“救生防护装备展”、“毛主席座机展”等陈列。

珍宝馆由三个展室组成。第一展室展出了航空博物馆制作的各种遥控飞机模型和仿真飞机模型；第二展室展出的是外国政府首脑赠送给党和国家领导人的珍贵礼物；第三展室展出的是外国军事代表团、航空界朋友以及其他友好人士赠送给人民空军的精美军徽、部队徽等礼品。

承载历史的光荣“战士”

航空博物馆有 200 多架风姿各异的飞机，每一架飞机都代表着一段不平凡的历史。

露天陈列场上的一架银白色伊尔 -14 飞机，是毛泽东的座机之一。1957 年至 1958 年期间，毛泽东乘坐这架飞机飞往全国各地达 23 次。如今，客舱内恢复了毛泽东乘坐时的原状，舱壁上挂的那张《毛泽东在飞机中工作》的彩色照片，异常醒目。

这张照片拍摄于 1957 年秋天。当时毛泽东乘坐该机在山东视察后继续南下。航行中，他身穿灰色大衣伏在小方桌上，左手夹烟，右手握笔，正聚精会神地批阅着一份材料。毛泽东的专职摄影记者及时捕捉了这一珍贵的镜头，生动地再现了毛泽东为人民日理万机的伟大形象。

多用途运输机运 -5 是 1957 年中国仿照苏联安 -2 生产出来的。它是中国生产的第一种运输机，也是生产批量最大、投产时间最长的运输机。它在社会的各个领域发挥了重要作用，足迹更是遍布祖国的天南地北，三山五岳。在航空博物馆陈列的这架运 -5，曾经完成了一次具有历史意义的飞行——把敬爱的周总理的骨灰撒向了祖国的江河大

◎毛泽东在飞机中工作

地。播撒骨灰的过程没有留下任何文字与照片，只有这担当神圣使命的国产运 –5 飞机，留给我们无尽的思念。

直 –5 是第一种国产直升机。由于直升机起落方便，在国家建设、保卫中屡立奇功。在东北珍宝岛、西南边境和西沙群岛的自卫反击战中，直 –5 在军事运输中大显身手。在内蒙古草原、大兴安岭森林失火和邢台、唐山地震后，它都参加了抢险救灾工作。1983 年 1 月 10 日，它在黄河冰上单界限悬停，营救了五十八名遇险人员。此外，在海洋生物考察、原子弹爆炸及军事演习中，直 –5 也都大有作为。

机头用红色油漆喷着“香玉剧社号”字样的米格 –15 飞机，是当年著名豫剧表演艺术家常香玉捐赠给志愿军空军的战机。当时，常香玉和她的“香玉剧社”全体同仁，于 1951 年 8 月从西安出发，辗转 5 省，历时半年，义演 180 多场，收入 15 亿多元（旧币，约合现人民币 15 万元），捐献给中国人民抗美援朝总会，买回这架战斗机装备前线。这架战鹰屡建功勋，可常香玉一直没有机会见到它。

◎『香玉剧社号』(米格－15飞机)

1992 年 3 月 22 日，在北京参加七届人大五次会议的常香玉，由馆长薛培森的陪同来到航空博物馆。她缓缓走到“香玉剧社号”机旁，轻轻抚摸着机头上的字迹，泪流满面：“义演那年我 29 岁，现在 69 岁，40 年岁月如流。我真为我们祖国的繁荣而高兴，为我们军队的强盛而骄傲。谢谢你们，谢谢解放军。”

东方莱特——冯如

◎冯如

冯如，原名冯九如，字鼎三，号树垣，广东恩平人。他是中国最早从事飞机研制、设计、制造的人，美国报纸称赞他为“东方莱特”。

1895 年，清政府在甲午战争中失败，签订了丧权辱国的《马关条约》。巨额的赔款使清政府加大了对人民的剥削。当时年仅

12 岁的冯如，虽然不懂国事，但也尝到了家庭窘困的滋味。就在这年，他为了谋生挥泪告别父母，随亲戚去了美国。

到达美国三藩市后，冯如经乡亲介绍，在耶稣教会做童工。日工夜读，生活十分艰苦。通过学习英语和科技知识以及目睹日新月异的先进机器，他认为国家富强必须依靠发达的工业，要想使中国贫穷落后面貌得到改变必须要学习机械、发展工业。于是他更加发愤学习，专攻机器制造。

为了救国，冯如决心去纽约学习机器制造技艺。他先后在船厂、电厂和机器制造厂当学徒和工人，历时近 7 年。在饱受种族歧视和失业的折磨后，冯如终于学会了多种机器制造技能，也增进了对机器制造知识了解的广度和深度。

当得知美国莱特兄弟研制飞机成功后，冯如决心要依靠中国人自己的力量来制造飞机。冯如先后研制修改飞机 6 次，都失败了。而此时厂房失火使这一切雪上加霜。但冯如并没有放弃，继续奋进。

1909 年 9 月，冯如终于完成了由中国自行设计、制造的第一架飞机。1910 年 10 月至 12 月，冯如驾驶着自制的第二架飞机在奥克兰进行飞行表演大获成功，获得美国国际航空学会颁发的甲等飞行员证书。

1911 年 2 月，冯如带着公司人员、机械设备和造好的飞机回到国内。

10 月 10 日，武昌起义爆发，全国沸腾。11 月 9 日，广东革命政府成立，冯如率助手参加革命。冯如被任命为广东革命政府飞机长，成为中国第一个飞机长。随后，他在广州燕塘建立广东飞行器公司，并亲自担任总机器师。

经过 3 个月的努力，一架与“冯如 2 号”相似的飞机于 1912 年 3 月制成。这是中国国内制成的第一架飞机，从此揭开了中国航空工业史的第一页。因此，冯如是中国近代航空事业的创始人和开拓者。

1912 年 8 月 25 日，冯如在广州燕塘机场进行公开飞行表演。冯如

首先向到场的各界人士介绍飞机如何利用、如何制造、如何驾驶等内容，然后冯如驾驶自制飞机腾空而起，高约 36 米，东南行约 8 千米。

当时飞机运转正常，操纵自如，机场上响起了一阵阵热烈的掌声。但冯如急于升高，操纵过猛，导致飞机失速坠地，机毁人伤。冯如经医院抢救无效，以身殉国，时年仅 29 岁。在弥留之际，冯如仍勉励助手：“勿因吾毙而阻其进取心，须知此为必有之阶级。”

中国科学技术馆

概况

中国科学技术馆位于北京国家奥林匹克公园内，占地面积 4.8 万平方米，是奥林匹克公园体现“绿色奥运、科技奥运、人文奥运”三大理念的重要组成部分。2001 年 6 月，中国科学技术馆被中宣部公布为第二批全国爱国主义教育示范基地。

建筑整体为单体正方形。从外部看去，整个建筑由若干积木般块体相互咬合而成，呈现为一个巨大的“鲁班锁”，既体现出中国传统文化重视整体与部分相结合的理念，也寓意科学的众多学科之间相互融合、相互促进。

常设展览包括“华夏之光”、“科学乐园”、“探索与发现”、“科技与生活”、“挑战与未来”五大主题展厅和公共空间展示区，以及宇宙剧场、巨幕影院、动感影院、4D 影院四个特效影院。

华夏之光展览通过序厅、中国古代的科学探索、中国古代的技术创新、华夏科技与世界文明的交流、体验空间五个展区，向广大观众展示华夏先民们的智慧与创造。

科学乐园主题展厅面积为 3800 平方米，专门为 3 至 10 岁儿童设

◎中国科学技术馆

置，包括九个主题展区。主题展厅以儿童成长需求为本，展示适合儿童身心发展的科技内容，采用以游戏化、探究式、互动参与为主的多样化方式，鼓励儿童亲身体验、积极思考，在展览和活动中积累经验、锻炼能力，激发对科学的好奇与兴趣。

探索与发现主题展厅以人类科学探索的若干重要方向及内容为主，涵盖了反映宏观探索的宇宙和微观探索的物质，反映对身边自然现象探索的运动、声音、光和电，反映对自身探索的生命，以及在人类探索活动中起到重要作用的数学等科学内容。整个展览向观众展示了科技的美妙和神奇，探索与发现过程所带来的快乐。

科技与生活展厅分为 A、B 两厅，展览面积 5000 平方米，共设置 8 个主题展区。“生活孕育了科技，科技改变了生活。”科技与生活相互交融，难以分割。展厅以百姓生活的衣食住行作为展览的主线，展示了科技发展对人类社会日益广泛和深刻的影响。“科技以人为本”是该展厅对观众传播的主体思想。展览让观众感受到科技创新为人类

带来的福利，同时，关注科技发展给社会生活带来的一些问题以及人们解决这些问题所做出的努力。观众可以在参观和体验的过程中进行思考，有所领悟。

挑战与未来主题展厅面积 5100 平方米，依据“挑战——解决方案——未来”线索，分为地球述说、能源世界、新型材料、基因生命、海洋开发、太空探索、走向未来七个展区，共 138 件展项。绝大多数展项具有很强的创新性和研发性，部分展项展示内容或展示手段都居于国内甚至国际领先水平。

坎坷的筹备过程

1958 年，国家开始筹建“中央科学馆”（中国科学技术馆前身）。经周恩来总理和聂荣臻副总理批准，科学馆的建设列入了建国十周年首都十大工程之一。他们共同选中了清华大学梁思成教授主持的设计方案，并以现在的北京国际饭店所在地作为馆址。后因资金、材料等紧缺，也为了给人民大会堂等工程让路，中央决定科学技术馆工程被停建。

在 1978 年召开的全国科学大会上，茅以升教授和钱学森教授等一批老科学家再次向中央提出建设中国科学技术馆的倡议。国家计委于 1979 年 2 月 21 日批准。根据国家计委的规划，中国科学技术馆原拟于 1981 年动工建设，但又因为没有列入国家“六五”计划而再次暂缓施工。

1983 年，茅以升教授等著名科学家在全国人大会议上提出加速实施中国科学技术馆建设的提案，提案得到了党和国家领导人对此大力支持。7 月，国家计委批准了中国科学技术馆作为国家“七五”计划的项目之一，分两期建设的初步设计。中国科学技术馆终于从漫长的筹建阶段进入到了具体实施的阶段。

1984 年 11 月，邓小平亲笔为中国科学技术馆题写馆名。同年 11

月21日，中国科学技术馆一期工程破土动工，时任国务院副总理的姚依林亲自为开工奠基典礼剪彩。

特效影院

特效影视主要利用现代电影科技手段，使观众产生身临其境的感受，体验各类影视特效刺激，领略人与自然之美。中国科学技术馆特效影院设有动感影院、4D影院、巨幕影院、球幕影院四个特效影院。

4D电影是在3D立体电影的基础上增加各种环境特效，如震动、雾、雨、雪、风、闪电、气味、气泡等。通过特效控制系统与影片中的情节进行配合，观众带上特制的偏振立体眼镜，将欣赏到呼之欲出、栩栩如生的立体影像。4D影院将听觉、视觉、嗅觉、触觉及动感完美地融为一体，使观众拥有身临其境的参与感，在观赏影片后仍回味无穷。

中国科学技术巨幕影院是世界上最先进的影院之一，也是目前世界最大的巨幕影院。银幕宽29.58米、高22米，可容纳632位观众。特别设计的大坡度影院座位，让每一位观众都拥有无障碍的视觉。而

◎穹幕影厅

专为影院设计的声源均衡系统，让影院内每个地方的音量和音质完全相同。影院采用单机双镜头放映，当观众戴上特制的立体眼镜时，图像通过光的偏振原理，使画面产生强烈的立体效果，犹如景物在眼前，有伸手可触的感觉，让观众真正置身于电影景观之中，感受高科技带来的享受。

球幕影院兼顾放映穹幕电影和演示天象节目，是中国最大的穹幕影院，也是世界最大穹幕影院之一，可容纳 462 位观众。该影厅分别引进穹幕电影放映设备和天象演示设备，使用 70 毫米 15 片孔胶片配合鱼眼广角镜头，超过了人眼的平均视角范围。30 米直径的穹形银幕，配以六声道立体声音响效果，以超人视角的画面和逼真的环绕音响效果，带给观众强烈的视听震撼和无与伦比的艺术享受。影厅中的坐席整体倾斜 30 度，为观众营造成仰望苍穹的环境。穹幕电影所营造的这种不在景中胜似景中的强烈感受是当今任何其它电影技术不能相比的。

球幕影院配备了世界先进的光学天象仪和数字辅助投影系统。光学天象仪不仅可以演示恒星、行星等天体，还可以表现日月食、月相变化等天文现象。光学天象仪、数字辅助投影和穹幕电影的结合，既普及了天象知识又增加了节目的可观赏性，是观众探索宇宙、了解天文知识的大课堂。

平北抗日战争烈士纪念馆

概况

平北抗日战争烈士纪念馆坐落于北京延庆县龙庆峡入口处，占地 2.4 万平方米。这里曾是平北地委和平北军分区司令部所在地。纪念馆于 1997 年 7 月开馆，建筑面积 550 平方米，由烈士陵园、纪念碑、

◎平北抗日战争纪念馆

纪念馆三部分组成。馆名“平北抗日战争纪念馆”是由原冀热察挺进军司令员肖克题写。2005 年 11 月，该馆被中宣部公布为第三批全国爱国主义教育示范基地。

纪念馆的正前方矗立着平北抗日战争烈士纪念碑。纪念碑正面是由聂荣臻元帅亲笔题写的“平北抗日战争纪念碑”，背面是彭真题写的“平北抗日战士永垂不朽”。

汉白玉碑身上镶嵌着天然花岗石的步枪刺刀造型，寓意平北军民以热血和刺刀铸成铜墙铁壁，保卫平北。断了尖的刺刀和埋入地下的枪柄象征着战争的激烈和残酷，也表现出抗日军民同敌人血战到底的英雄气概。

纪念馆分为序厅、影视厅、展厅三大部分。其中，展厅里陈列着近 200 件文物，都是 1933 年至 1945 年平北军民使用的武器、生活用品以及书籍、照片等物品。

主展厅分为八个部分。其中“日军侵占冀热察边”，展示了在爱国

将领冯玉祥、方振武、吉鸿昌领导下，平北地区响起华北抗战的先声。“八路军第四纵队东进”，展示了在纵队司令员宋时轮、政委邓华率领下，八路军第四纵队在平北地区播下的抗日火种。“创建平北抗日根据地”，展示平北抗日根据，及平北第一个抗日县政权的建立过程。“反扫荡、反蚕食、反‘无人区’斗争”，展示了在日伪军疯狂扫荡，实施“集家并村”建部落等毒辣措施，制造惨绝人寰的“千里无人区”的形势下，平北人民不畏残暴、奋起反抗的英雄事迹。“平北军民坚持抗战”，再现了平北根据地在十分残酷和困难的环境下，军民结合，抗战与生产结合，共同克服经济困难的情景。“攻占张家口光复平北”和“平北英烈名垂千古”，则展现平北儿女英勇奋战，最终迎来抗战胜利的盛况。整个展览通过大量实物、照片、书籍等文物，生动再出了 1933 年至 1945 年间，平北地区人民波澜壮阔的抗战历程。

◎平北抗日战争烈士纪念碑

平北第一枪

平北，即北京以北，东至承德，西至张家口的广大区域，总面积 2.5 万平方公里。抗日战争期间，这里是伪蒙疆、伪满洲、伪华北三个伪政权的结合部，是日寇的心脏地区。

1938年春天，日军占领了整个平北地区后，实行“杀光、烧光、抢光”三光政策，“强化治安”、“集家并村”制造无人区。平北的抗日局势顿时变得危急。

6月，八路军第四纵队在纵队参谋长李钟奇和团总支书记郑良武的率领下，赶赴冀东，参加冀东抗日大暴动。他们一路上风餐露宿，在行进到怀柔西部的沙峪村附近时，都已异常疲惫。李钟奇和郑良武同各小队干部商量，决定在沙峪村稍作休整。

先头支队进入沙峪村后，迅速控制了沙峪村伪警察所。从捉到的三个汉奸特务口中，李钟奇和郑良武得到了一个重要情报：日本华北派遣军坂垣师团教导营的一个中队，正朝着沙峪村方向急进。

战士们听到有敌情，立刻精神起来。敌明我暗，不能错过这么好的战机。在李钟奇的指挥下，战士们快速地埋伏在沙浴东山嘴的两山下，准备伏击敌人。

将近中午时分，日军出现在了四纵队的视野中。十分钟过后，这一队日军完全进入了八路军伏击圈。

“打”！李钟奇洪亮的一吼，手中的驳壳枪也打中一个敌人。瞬间，枪声、手榴弹的爆炸声和战士们的喊杀声交织在一起，回荡在沙峪的山谷中。

◎沙峪抗日纪念碑

沙峪和临近几个村的老百姓听到枪炮声，也赶来参加战斗。有的救伤员，有的送弹药，几个胆子大的，干脆拿起枪和战士们一起抗击敌人。

一场激烈的苦战就这样开始了。清脆的枪声燃起了平北人民抗日的烽火。

敌人受到突然打击，清醒过来后，立即组织反扑。战士们愈战愈勇，子弹却越打越少。郑良武英勇牺牲，伤亡人员也逐渐增多，李钟奇胸部中弹，负了重伤。在危急之下，沙峪村村民杨广瑞带着几个小伙子赶来，用门板把满身是血的李钟奇抬离了战场。

在战斗最激烈时，双方展开了肉搏战，战士们有的用石块砸烂敌人的脑袋，有的直到牺牲时双手还紧紧掐着敌人的喉咙。有三个战士在重伤后还打死了十几名敌人，最后拉响了手榴弹与敌人同归于尽。

战斗持续到下午 3 点多钟，战士们才将敌人全部消灭。此次战斗歼灭日军 120 余人，缴获步枪 80 多支，轻机枪 3 挺，掷弹筒 3 个。

这次战斗打响了平北抗战的第一枪。从此，平北军民同仇敌忾，为争取胜利展开了艰苦卓绝的斗争，也付出了巨大牺牲。仅龙关、赤城两县，每六人中就有一人为国捐躯。优秀指挥员，八路军冀热察挺进军第十团团长白乙化光荣殉国；“当代佘太君”邓玉芬毁家纾难，献出丈夫爱子七人；民兵英雄何金海大摆地雷阵，吓破敌胆……凡此种种，不胜枚举。英雄们可歌可泣的事迹，是平北大地上一座永远的丰碑。

平北“小白龙”

白乙化，字野鹤，1911 年出生于辽宁省辽阳县石场峪村。在中学读书期间，他就曾带领同学“抵制日货”，参加“不买洋货要买国货”的爱国宣传活动。

1928 年，白乙化考入沈阳东北军教导队，不久升入东北讲武堂步兵本科。1929 年，他因对军阀混战不满，离开讲武堂，同年秋考入北平中国大学，不久后加入中国共产党。

1931 年“九一八”事变后，白乙化向校方提出抗战申请，称：“国家兴亡，匹夫有责。吾当先去杀敌，再来求学。如能战死在抗战杀敌的战场上，余愿得偿矣！”此后，白乙化独自返回辽阳，组织起“抗日义勇军”，任司令，号称“平东洋”。因他机智勇敢，乳名“小龙”，所以大家都称他为“小白龙”。

1935年，白乙化参加了“一二九”运动，被称为运动中的“虎将”。1936年，他奉共产党的指示，赴绥远省和硕公中垦区（也称东北义勇军垦区）担任垦区工委书记。1937年“七七”事变爆发后，他筹备组织武装暴动，成立“抗日民族先锋队”，任总大队长。

1939年4月，白乙化奉命率部挺进平西抗日根据地，与冀东抗日联军合并为华北人民抗日联军，任副司令员。1939年底，华北抗联改编为八路军冀热察挺进军第十团，白乙化任团长。

白乙化率领的十团是抗日武装中独一无二的“知识分子”团，连以上干部都是从垦区来的大、中学生，大部分战士则是冀东暴动的农民。

1940年春，为了完成冀热察军政委员会提出的“巩固平西、坚持冀东、开辟平北”的战略任务，白乙化奉命率十团挺进平北，着手创建丰（宁）、滦（平）、密（云）抗日根据地。

经大小100余次战斗后，白乙化带领队伍，开辟了平北丰滦密敌后抗日游击根据地，组建起白河游击队、白马关游击队、四海游击队等地方抗日武装；协助地方建立了党的组织，并建立了抗日民主政权和抗日救国会、自卫军、儿童团等抗日团体。丰滦密抗日军民在白乙

◎白乙化烈士纪念馆

化的领导下，开展了艰苦卓绝的敌后武装斗争。

1940 年 2 月的一天，白乙化接到上级的命令，要求白乙化部在青白口、东胡林一线阻击西路的 4000 余日军。战斗持续了几天后，敌人派飞机来狂轰滥炸。飞机紧贴着十团的头顶低飞扫射，子弹雨点般密集，压得十团抬不起头来。

白乙化毫无惧色，带领众士兵用步枪向飞机开火。步枪打着了飞机的油箱，敌机拖着滚滚浓烟坠毁。用步枪击落日本飞机，“小白龙”的名号更加响亮，民间百姓甚至传说白部是“神兵”、“天将”。

1941 年 2 月 4 日，伪满道田讨伐队 710 余人沿白河进犯抗日根据地。白乙化指挥十团与敌军于密云县马营西山展开激战，成功地保卫了根据地。但在战斗指挥中，白乙化不幸被敌子弹击中头部，壮烈殉国。

1944 年 5 月，丰滦密联合县和冀北第五地区队为了纪念白乙化，建立了纪念碑。1984 年，密云县人民政府重建了白乙化烈士纪念碑，肖克将军手书碑文：“血沃幽燕，名垂千古”。

香山双清别墅

概况

香山双清别墅坐落在香山公园南麓，环境幽雅静谧，有着悠久的历史和美丽的传说。“双清”二字是清代乾隆皇帝根据院内两股清泉而命名的，并题写于园内南侧的岩壁上，至今可以看到。

香山双清别墅曾与中国革命联系在一起，是中国革命由农村走入城市的第一站，曾经是中国革命的指挥中心。周恩来总理曾经说过：“这里是毛泽东发布渡江作战、解放全中国命令的地方，要记住这个地方。”2009 年 5 月，双清别墅被中宣部公布为第四批全国爱国主义教育

◎香山双清别墅

示范基地。

目前双清别墅的展览内容共分“毛泽东在双清旧居陈列”和“毛泽东在双清活动陈列”两大部分。

第一部分以实物陈列为主。毛泽东旧居陈列室是一间坐北朝南的长方形屋子，自东向西由餐厅、办公室、会议室、卧室及洗手间组成。共陈列文物、展品230件。

在办公室内，摆放着一张办公桌。在这里，毛泽东写下了《南京政府向何处去》、《七律·人民解放军占领南京》、《论人民民主专政》等著名篇章；与朱德一起签发了《向全国进军的命令》。办公室内陈列着一个书架，上面摆放着毛泽东经常阅读的《资治通鉴》、《四库全书》等书籍。在一侧的墙壁上，悬挂着《中国人民解放军战略进攻形势图》和《中国解放区现势图》两张地图。

会议室也是会客室，这里摆放着一大两小三组沙发和一张茶几。在这间会议室，毛泽东和他的战友们确定了国共和谈、指挥了渡江战役；确定了新民主主义经济政策、确定了刘少奇率中共代表团秘密访苏，为新中国的成立奠定了基础。还是在这间会客室，毛泽东和其他领导人一起会见了和谈代表、各民主党派人士以及无党派人士；征求大家的意见和建议，与他们商议新中国成立后在政治、经济、文化等方面的重大决策。

卧室内陈列有一张普通但是宽大的床，因为这张床一半用来睡觉，一半要用来放书。卧室内还有台灯、衣架、衣物等物品。

六角红亭是双清别墅的标志性建筑。毛泽东身边的摄影师侯波、徐肖冰在这里曾经拍摄下两张反映解放战争时期的经典作品：一张是毛泽东坐在直背椅上看南京解放消息的报道，一张是毛泽东与爱子毛

◎毛泽东在双清别墅的旧居

岸英坐在磁鼓上亲切交谈。这两张照片以均红亭为背景，生动地再现了毛泽东工作、生活的情形。在这里，毛泽东还接见过很多的民主人士，与他们倾心交谈，共商建国大计。六角红亭又被大家称为革命红亭。

陈列的第二部分以图文展示为主，通过38幅图片、3幅图示、18份文献及电文手稿、3块文字说明展板、1座沙盘模型以及1部摘录了《风雨下钟山》和《大决战》等影片中相关镜头的录像片，以图文、音像的方式介绍了毛泽东和他的战友们在香山工作和生活的情况。

其中，“从西柏坡到北平香山”介绍了中国革命由农村根据地转战城市的历史，展现了中共中央选址香山的历史原因、迁北的路线和过程以及1949年香山的原貌等内容；“毛泽东在双清”介绍了毛泽东和他的战友们在军事上、政治上为新中国的成立所做的重要工作，翔实地反映了中国革命即将取得成功，已经向全国进军这一重要历史时期毛泽东和其他中央领导人所创造的不朽功绩；“领袖生活在香山”展示了几位领导人在香山期间工作和生活的图片。

毛泽东“进京赶考”

辽沈、淮海、平津三大战役后，蒋家王朝已处于风雨飘摇之中。1949年3月5日，党的七届二中全会在西柏坡村召开，讨论了党的工作重心转移的相关问题，制定了由新民主主义革命转变到社会主义革命的主要途径，要求全党警惕资产阶级糖衣炮弹的袭击，必须保持艰苦奋斗、谦虚谨慎的作风。

会后，毛泽东率中共中央机关及人民解放军总部于3月23日上午11点出发，告别了中国革命农村根据地最后一站——西柏坡村，向北平进发。23日晚，一行人在唐县淑间村宿营，24日往保定到达涿县，宿营于第四野战军第四十二军军部，与由北平赶来迎接中央领导同志的北京军管会的叶剑英、滕代远汇合，商议25日的行动安排。

◎毛泽东在双清活动陈列

在途中，毛泽东曾风趣又意味深长地对身边的工作人员说："我们这就是在进京赶考哟"，"我们决不当李自成，一定要考个好成绩。"

25日晨3时，毛泽东等人由涿县改乘火车继续北上，于晨6时到达北平清华园火车站，然后改乘汽车到颐和园。

当天下午4时，毛泽东、朱德、刘少奇、周恩来、任弼时等在叶剑英的陪同下来到西苑机场，受到各民主党派、无党派人士及北平市一万多群众代表的热烈欢迎，在机场还对部队进行了检阅。

香山当时对外称"劳动大学"。毛泽东就住在双清别墅，朱德、刘少奇、周恩来、任弼时等住在离双清别墅不远的来青轩院内，中直机关也分别住在香山一带。

中央进驻香山，有三方面的原因。一是确保安全。北平刚刚和平解放，敌情复杂，再者青岛还未解放，敌人的飞机随时可能突袭北平。香山距离城市比较远，与西山相连，又建了防空洞，便于警卫。二是有助于逐步过渡的实现。共产党长期处于农村环境，对城市生活习惯上、思想上都需要一个熟悉和适应的过程。香山距离城区适中，又兼具了城市和乡村的特点，是完成这个过渡的理想环境。三是当时北平虽已和平解放，傅作义的军部还没从中南海撤出来。城区尚未有合适的地方安置中央机关。香山有熊希龄开设慈幼院盖的3000多间房子，而且新建了防空洞。防空洞里开了很多小洞室，方便中央在敌人空袭时躲避，及坚持办公。

从1949年3月25日到中华人民共和国成立前后的这段日子里，中国革命重心转移的巨大工程就是在双清别墅这所“劳动大学”中进行的。双清别墅是中国革命领导中心进入城市的第一站，是中国革命史上一座不可磨灭的里程碑。

百万雄师过大江

三大战役胜利结束后，蒋介石为了给反扑赢得时间，一方面组织残余力量继续抵抗，一方面又出面求和，提出“两分天下，划江而治”的阴谋主张。在这即将夺取全国胜利的关键时刻，是将革命进行到底？还是半途而废？这是摆在中国人民面前的一个尖锐问题。毛泽东在双清别墅中写下《将革命进行到底》，回答了这个问题，提出要继续向长江以南进军，解放全中国。

与此同时，为促使问题能够和平解决，毛泽东于4月4日写下并发表了《南京政府向何处去》一文，以敦促国民党南京政府认清形势。文章指出：摆在南京国民党政府面前只有两条路，一条是继续与人民为敌……与蒋介石战犯集团同归于尽，一条是向人民靠拢……立功赎罪，求得人民的宽恕和谅解，第三条路是没有的。

在非正式谈判期间，毛泽东与周恩来在双清别墅分别接见了南京政府和谈代表张治中、邵力子、章士钊、刘斐等人。每次接见，毛泽东都在院门等候，客人一到，马上迎上前去握手致意。张治中对此非常感动。他说：“跟毛主席在一起，你就会懂得共产党的成功并不是

偶然的。”但是，国民党缺乏诚意，与历史规律和人民意愿相违背，和谈最终破裂。

毛泽东对于蒋介石的伎俩早已洞悉，对和平谈判破裂的结果也已有充分估计。一天，毛泽东在院子里散步，李银桥跟在后面。他突然停住问李银桥：“你敢相信蒋介石吗？”

“不相信。”

“这就对了。这个人尽耍手腕，说话从来都不算数。”

基于这样的正确判断，4 月 10 至 18 日，毛泽东及中央军委在双清别墅曾五次致电渡江战役总前委，指示部队要牢牢把握战役的主动权，做好和平渡江和战斗渡江两手准备，并将立足点放在战斗渡江上面。

4 月 20 日，南京政府拒绝签字。当天晚上，人民解放军第二、第三野战军百万大军在刘伯承、邓小平、陈毅、粟裕等指挥下，在西起九江、东至江阴的一千多里的战线上强渡长江天险，顷刻间就将国民党苦心经营了三个半月、号称固若金汤的长江防线彻底摧毁了。

4 月 21 日，毛泽东、朱德向人民解放军发布《向全国进军的命令》，命令人民解放军将中国境内一切敢于抵抗的国民党反动派全部歼灭，保卫中国领土主权的独立和完整。

4 月 23 日，南京总统府缓缓降下青天白日旗，宣告国民党 22 年反动统治的灭亡。

当解放南京的捷报传来时，毛泽东异常兴奋，招呼大家一起照相，并欣然写下了充满英雄主义的《七律·人民解放军占领南京》：

钟山风雨起苍黄，百万雄狮过大江。
虎踞龙盘今胜昔，天翻地覆慨而慷。
宜将胜勇追穷寇，不可沽名学霸王。
天若有情天亦老，人间正道是沧桑。

国家体育总局训练局荣誉馆

概况

国家体育总局训练局荣誉馆位于北京体育馆的南楼，分上下二层，馆内面积达 1900 平方米，于 2006 年 12 月 25 日建成开馆。馆内有近 400 件展品、300 幅照片及 50 多万字的中、英文资料。布展以图片、实物及文字相结合，内容生动、翔实。展厅内通过 5 台电子触摸屏可查阅大量的图片和文字资料。2009 年 5 月，它被中宣部公布为第四批全国爱国主义教育示范基地。

◎国家体育总局训练局荣誉馆

训练局荣誉馆根据展览内容和主题，共分为 9 个主要展厅和 1 个会议室。

大厅是荣誉馆的第一展厅，主要由一巨幅油画、两座雕像和四幅浮雕组成。油画主要烘托出一种体育精神——攀登，这也是奥林匹克格言“更高、更快、更强”的体现。两座雕像：一位是出任第一任国家体委主任的贺龙元帅，一位是陈毅元帅。他们曾揭示了中国体育的发展规律“国运兴，体育兴”。大厅东西墙壁的四幅浮雕，分别代表支撑训练局的四类人物：运动员、教练员、后勤保障和社会各界人士。

发展综述厅是荣誉馆的第二展厅，展示的是训练局五十多年的发展历程和国家几代领导人对体育事业的关怀。

走进奥运厅是荣誉馆的第三展厅，主要展示的是训练局驻局运动队在世界大赛上和奥运会上获得的奖杯和奖牌。

为国争光厅是荣誉馆的第四展厅，讲述了运动员在辉煌成绩的背后所付出的艰辛及运动员、教练员在赛场和训练场上所体现出的各种精神。参观者可以看到一个个运动员的小故事，如“拼搏的故事”、“舍小家为大家的故事”、“重伤不下火线的故事”、“饿其体肤的故事”、“奉献爱心的故事”等等。

无名英雄厅是荣誉馆的第五展厅，展示的是训练局为驻局的运动队提供十个方面的服务保障，分别是：吃、练、住、行、环、保、运、人、学、医。

文化长廊是荣誉馆的第六展厅，展示的是由训练局的运动员、教练员、职工和社会上的一些书法名家的作品。

开放交流厅是荣誉馆的第七展厅，讲述了训练局五十多年来国际、国内的交往情况和训练局的合作伙伴。

奥运冠军足迹路是训练局荣誉馆的室外组成部分，目前收集了从 1984 年洛杉矶奥运会以来驻训练局国家队的 122 位奥运冠军的脚印，包括李宁、郎平、杨威、周继红、郭晶晶、刘国梁、马琳、张怡宁、刘翔、张宁、林丹、罗雪娟等体操、跳水、乒乓球、羽毛球、田径、游泳、排球等项目的奥运冠军。

世界冠军的摇篮

国家体育总局训练局于1951年成立，至今已有60多年的历史。在国家几代领导人的亲切关怀和重视下，训练局不断发展壮大，目前拥有15座国际标准的训练场馆，是中国最大的综合训练基地。有近一千名运动员、教练员常年在这里训练和生活。

训练局人时刻谨记贺龙元帅“出成绩、出人才、出经验”的指示，并以此作为训练工作的指导思想。经过几代人的不懈努力和顽强拼搏，从1984年洛杉矶奥运会到2012年伦敦奥运会，从训练局里走出了175位奥运冠军，夺得158枚奥运金牌。因此训练局被誉为“世界冠军的摇篮”。

训练局在取得辉煌成绩的同时，也积累了宝贵的精神财富，沉淀了浓厚的体育文化底蕴。如，“顽强拼搏，为国争光”、“胸怀祖国、放眼世界”、八十年代的“女排精神”等等。这些体育精神同时也是鼓舞中国各行各业为了祖国的繁荣富强而努力奋斗的强大精神动力。

随着体育国际交流的不断发展，训练局在中国体育对外交流中的作用越来越重要。每年，有大批国际、国内社会人士和体育组织及港澳台学生团来训练局参观访问，其中有：英国的安妮公主、土耳其副总理、美国奥委会官员、俄罗斯奥委会主席、台湾学生团、NBA名将皮篷等等。

在这种形势下，训练局领导班子在2005年做出建立训练局荣誉馆的决定。荣誉馆的陈展是对训练局60多年所走过的风雨历程、取得的辉煌成就的总结，发展过程中所积淀的体育文化、体育精神进行深度挖掘、整理和展示，使中华体育精神得以发扬光大。参观者在参观中，被中国体育健儿所取得的辉煌成就所鼓舞、感染的同时，也能被训练局深厚的体育文化积淀所震撼，从而激发自身的爱国热情和对人生极限的自我挑战。

中国人民的朋友

在国家体育总局训练局荣誉馆内有一尊雕像，生动地再现了中国人民的老朋友——萨马兰奇生前的形象。胡安·安东尼奥·萨马兰奇，出生于西班牙，是国际奥委会终身名誉主席。他曾担任国际奥林匹克委员会主席长达 21 年。他在任期间成功推动奥运会商业化，让国际奥委会摆脱了财政危机。

萨马兰奇长期关心和支持中国的体育事业，1984 年洛杉矶奥运会上，他亲手颁发中国在历史上获得的第一枚奥运金牌。他还为中国成功申办 2008 年夏季奥运会给予了重要帮助。

所有的中国人都不会忘记：2001 年 7 月 13 日，萨马兰奇在莫斯科宣布北京获得了 2008 年奥运会主办权。对于那个令人心潮激荡的时刻，他曾像中国人一样津津乐道："这是我在国际奥委会主席任上，最后一次宣布奥运主办城市。在那之前，我就经常向奥委会的同事们提起，希望能在北京举办奥运会。而现在，我坚信，2008 年奥运会将办成历史上非常成功的一届。这届奥运会不仅将对中国产生深远的影响，而且会深刻地影响世界奥林匹克运动的发展。"

当时因为西藏问题，国际上出现了一些抵制北京奥运会的行为。萨马兰奇在接受西班牙主要媒体《阿贝塞报》和《国家报》专访时，就相关问题发表看法。他明确反对抵制北京奥运会，反对奥运会政治化。他说，"体育世界是美妙的，国际奥委会是一个由 204 个不同种族、不同传统、不同社会制度的国家组成的大家庭，大家和平相处，因此奥运会是青春、体育与和平的盛会。西藏事件不应成为抵制奥运会的口实。"

萨马兰奇认为，"选择北京举办奥运会是十分正确的，我从不为此后悔。中国最近25年来发生了惊人的变化，经济发展举世瞩目，最大的受益者是人民。中国从一个灾难深重的国家成为一个蒸蒸日上的经济强国。北京奥运会的组织工作具有历史意义，其奥运设施如鸟巢、水立方等将载入史册，因为几个世纪之前人们修建大教堂，而今天却建造了如此宏大的体育设施。相信中国将会举办一届出色的奥运会。北京奥运会将会圆满成功”。

萨马兰奇一直是中国人民的好朋友。2010年4月21日，89岁的萨马兰奇于巴塞罗那病逝。消息传出后，体育总局训练局马上决定，在训练局荣誉馆萨老雕像前布置一个临时的小灵堂。体育队员们怀着沉痛的心情，纷纷来此敬献鲜花，寄托哀思。

首都博物馆

概况

首都博物馆位于北京市长安街西延长线白云路北口，是北京地区大型综合性博物馆之一，是记录北京历史、收藏北京记忆的艺术殿堂。博物馆于1953年开始筹备，1981年10月正式对外开放。当时的馆址位于北京市东城区国子监街孔庙内。为了容纳更多的藏品，以及服务更多的参观游客，博物馆新馆建设项目于2001年12月奠基兴建，2006年5月18日正式开馆。2009年5月，首都博物馆被中宣部公布为第四批全国爱国主义教育示范基地。

博物馆新馆建设用地面积24800平方米，分为地下二层，地上五层。建筑物（地面以上）东西长152米、南北宽66米左右，建筑高度41米。建筑外形主要由矩形围合结构、椭圆形外立面和金属屋顶三部分组成。建筑内部分为三栋独立的建筑，即矩形展馆，椭圆形专题展

◎首都博物馆

馆，条形办公科研楼。三者之间的空间则为中央大厅和室内下沉式竹林庭院。自然光的利用、古朴的中式牌楼、幽静的翠竹庭院、潺潺的流水，为观众营构了一个兼具人文、自然情调的参观环境。

数十年来，首都博物馆广泛征集各类文物，馆藏文物已达二十五万件。馆内设基本陈列、精品陈列和临时展览。

基本陈列有《古都北京·历史文化篇》、《古都北京·城建篇》、《京城旧事——老北京民俗展》。其中，《古都北京·历史文化篇》、《古都北京·城建篇》是首都博物馆展陈的核心，表现了丰富多彩的北京文化，不断递升并走向辉煌的都城发展史，成为创建国内一流博物馆的品牌陈列。

精品陈列有《古代瓷器艺术精品展》、《燕地青铜艺术精品展》、

◎首都博物馆藏的瓷器

《古代书法艺术精品展》、《古代绘画艺术精品展》、《古代玉器艺术精品展》、《古代佛教艺术精品展》、《书房珍玩精品展》。这七个馆藏精品展览和《京城旧事——老北京民俗展》是对北京文化展现的补充和深化。

临时展览是研究与观赏北京文化与其他地区文化、中国文化与世界文化交流关系的舞台。首都博物馆自开馆以来在国内外举办了许多颇受好评的历史文物陈列展览，如《北京历史文物陈列》、《元大都历史陈列》、《老北京春节民俗展》、《馆藏历代陶瓷、书画真伪辨识展》、《北京历史文化展》等。

古典与现代的完美融合

首都博物馆建筑本身是一座融古典美和现代美于一体的建筑艺术品，既具有浓郁的民族特色，又呈现出鲜明的现代感。

首都博物馆的设计源自于“博物馆是联系历史、现代和未来的场所”的理念，强调“过去与未来、历史与现代、艺术与自然的和谐统一”，将传统的材料与现代的材料并置，来表达对历史与未来的描绘。倾斜的青铜体破墙而出，生出文物发掘的意象；悬挑的大屋顶在影射中国传统的出檐，而悬挂式框架砖墙模糊了古代城墙与现代幕墙的界线；广场的起坡取材于皇家宫殿高台建筑的手法，烘托出了宏伟的巨构。简洁的矩形平面与北京的城市格局相互协调，非对称的形体呼应街道转角空间。青铜、木材、砖石等传统的材料代表北京悠久的历史。

不锈钢顶棚、玻璃幕墙和先进的建造技术表现新北京的现代。阳光大厅，四季竹院，将景观空间引入了博物馆，室外下沉竹园延伸至室内，打破了传统博物馆空间的封闭、沉闷感觉，营造了开放型、温馨、明亮的文化休闲环境。园林与文物展厅之间的时空交错，表现出特有的东方艺术魅力。

古都风韵

“古都北京·历史文化篇”的展陈形式采取了“模块化”展柜与“嵌入式”场景相结合、“内外圈”展区相结合的理念，内容分为“北京历史文化”与“世界文明概览”两部分，分别位于展线的内圈（展柜）与外圈（展厅四壁）。

“北京历史文化”（内圈）与“世界文明概览”（外圈）位于展线的两侧平行展示，观众在观览过程中同时领略中外文明的精彩与跌宕，整个外圈已成为一个完整的辅助展品来诠释内圈——北京的历史文化。这一展陈形式为“古都北京·历史文化篇”营造了一个语境：北京从古至今都是一座开放、包容的城市，这一特质决定了北京的历史，更预示着北京的未来。

“北京历史文化”部分是本篇的核心，再现了北京波澜壮阔的历史画卷，阐释了京城文化的独特韵味，揭示了北京作为一座融合多民族与多元文化的城市逐步递升为中国首都与文化中心的历史规律。

这部分展览内容以历史文化为视角，内容结构上选取了“海陵王

◎首都博物馆收藏的陶器

迁都”、“元大都积水潭码头”、“北京保卫战”、“盛世京师（康雍乾时期的北京）”、“五四运动”、“开国大典”六个场景作为串联北京历史的节点，展示了从46万年前的远古时期至新中国建立这一漫长的岁月中，北京经历了从原始聚落形成城市，从中国北方的政治中心跃升为大一统封建王朝的都城、中华人民共和国的首都，直至发展为建设中的国际大都市这一不断攀升的历史进程。

“世界文明概览”部分是解读“北京历史文化”的辅助陈列。它与“北京历史文化”依时间序列平行展示，以图片与文字为北京史的展示提供了一个以世界为范围的广阔背景，从而加深观众对北京历史文化内涵的理解，激发观众的思考。

北京的胡同四合院

北京的胡同四合院是代表北京的城市“名片”。为了解读这张“名片”，北京的文博系统与档案系统首次合作办展，将文物与档案整合在一起，相互佐证，相互映衬，使参观者真切地感受那灵动的北京文化。

参观此次展览，人们宛若走进了一条胡同，同时，也走过了一条

时间的隧道。

展览的第一单元，展示了胡同形成的历史和格局走向。通过各个时期的地图、实物、图片、档案资料等为人们展示了都市演变的轨迹。元代，以胡同命名的街巷正式登上历史舞台，至明清时，胡同形成的城市肌理发展成熟。历史的车轮行进到民国后，胡同也经历了历史性的变迁。观众会发现，展示中的胡同内的商铺会馆、庙宇道观、茶馆戏园、名人居所以及寻常人家使得这个城市变得有血有肉。

展览“第二单元”展示的四合院是对内开放、对外封闭的生活空间。在北京，大到紫禁城，中到王府宅第，小到平民百姓的院落，放眼望去，整个城内都是规模不等，大小不一的四合院，它们相互圈合，相互依存。四合院的规制、布局、建筑工艺，反映出北京人特有的居住审美与实用的统一，记载了传统的生活方式和家族观念。通过观看一个个精美的建筑模型和建筑构件，人们会体验到四合院本身就是一件艺术品。

展览的第三单元，通过展示四合院的生活场景——堂屋——书房——卧房以及娱乐的玩意、家务劳作用具等内容，让观众获得了关于四合院生活空间、生活方式的深度体验。

展览中还运用多媒体影片，展现了《中轴线上的合院之城》、《四合院的布局》、《四合院的生活》，使参观者对北京胡同四合院有更深入的了解。

八宝山革命公墓

概况

八宝山革命公墓位于海淀区八宝山南麓，是中国声名最著、规格

◎八宝山革命公墓

建制最高的园林式公墓。

这里因盛产红土、耐火土、青灰等八种矿产而得名。1946 年，国民党政府将此处改建为忠烈祠。1949 年后，这里成为中共领袖的长眠地。1950 年初步建成，定名为北京市革命公墓，一直用于安葬中国已故党和国家领导人、民主党派领导人、爱国民主人士、著名科学家、文学家、高级工程技术人员、国际友人、革命烈士和县团级以上领导干部。1970 年，经周总理批准，北京市革命公墓改名为北京市八宝山革命公墓。2009 年 5 月，它被中宣部公布为第四批全国爱国主义教育示范基地。

公墓大致分为墓区与骨灰堂。墓地的方位和墓穴的大小，和干部的级别正相关。位于 150 亩地公墓北向顶端的一墓区，安葬中共国家领导人及副部级以上干部、民主党派领导人士，是公墓中政治规格最高的地方。

墓穴用地根据干部级别划分为三级区，安葬者需按各区级别顺序及面积大小使用，不得挑选和扩大。墓盖、石碑、月台的尺寸，也都针对不同级别干部有详细的规定。

骨灰堂也都设有编号。不同级别领导的骨灰应安放何室，置于正面或侧面，均有明确规定。所以，从遗体或骨灰的安置情况，即可看出逝者的行政级别。

安葬在八宝山革命公墓的不只是烈士和一定级别的官员，像李克农上将的父亲李哲卿老人和掩护过老一辈中央领导同志的夏娘娘等早期对革命做过重大贡献的人物，也获准在革命公墓安葬。

八宝山革命第一墓

中国共产党创建几个月后，就有一位不满十七岁的青年成为党员。此后他以钢铁般的意志和刻苦耐劳的精神奋斗三十年，在四十年代与毛、刘、周、朱并列成为领导全党的“五大书记”之一，他就是任弼时。

少年时期的任弼时有着骆驼般坚强的性格。他的家乡湖南思想活跃，生产水平却相对落后，于是他决定“毕业之后，欲志于工业”，走工业救国之路。

这一愿望固然是好的，然而任弼时成年后发现，若不改变“腐朽”的社会制度，兴办工业强国是不可能的。于是他走出国门，到苏俄寻求“真理”，最后走上了终生革命的道路。

任弼时在30年代后期和40年代一直坚定地支持毛泽东。1938年赴莫斯科时，他向共产国际强调“毛泽东才是中国共产党的领袖”，这对当时的共产国际表态支持确立毛泽东的领导地位起过重要作用。

国共破裂后，任弼时长期负责各地党的地下组织的恢复工作，这项工作非常危险。1928年底，他作为中央巡视员到安徽接头时被捕，国民政府却对他的身份并不清楚。在押解途中，他巧妙地把被捕消息和预定的假口供托人带给在上海的妻子陈琼英，以便配合组织营救。

审讯时，任弼时受到头顶窑块、膝跪铁链和“老虎凳”等酷刑，却一口咬定编出来的假身份。特务按他所说到上海查对，因组织上已有安排，未露破绽，三个月后获释。

1929年末，任弼时在上海主持江苏省委工作时，再一次被租界当局逮捕。他乘巡捕不注意，吞掉了身上的文件，被搜出来的只有一张月票。票面上写的使用人住处已是火灾中烧掉的房子，也无从查对。因此外国警探怀疑有假，竟然使用电刑，在他背上烙出两个拳头大的窟窿。任弼时苏醒后仍不吐露实情，这种顽强态度使捕房“更感到他像共产党”，于是继续关押拷打。

周恩来的地下特科通过关系营救，任弼时才得以获释。后来，他便落下了病根。此后多年，他经常感到头晕和身体虚弱，加上日夜劳累、血压高，看东西时常眼花。长征时，他是红二方面军的领导。年仅三十出头，可是干部战士们从外貌看多以为他已有五十岁。

1946年后，任弼时和毛泽东、周恩来一起转战陕北，协助毛泽东指挥国共战争，制定中国共产党的土地政策和开展土地改革工作。1949年初，任弼时指导建立中国新民主主义青年团，被推选为团中央名誉主席。

任弼时对事业和工作一直恪守“能坚持走一百步，就不该走九十九步”的准则，长期抱病工作，“过度劳累”使病情突然“加重”，1950年10月27日在北京逝世，终年46岁。

任弼时逝世后被葬在八宝山东部的坡顶上。任弼时墓被称为八宝山革命第一墓，占地300多平方米，水泥方砖铺地，汉白玉墓碑，几十个工人赶工数月才完工。任弼时墓建成后，曾有专门的武装警卫把守。直到1955年，守卫的部队才从公墓撤出。

天津市

天津位于华北平原海河五大支流汇流处，东临渤海，北依燕山，是首都北京的门户。清朝末年，西方列强为了攫取更多的经济利益和政治利益，就曾多次进犯天津，迫使清政府开放天津为通商口岸。抗战爆发后，天津是日本华北驻屯军司令所在地。为了保卫祖国和家乡，在中国共产党的领导下，天津人民和日本帝国主义进行了不屈不挠的斗争，付出了巨大代价，终于迎来了天津和全中国的解放。

天津盘山烈士陵园

概况

天津盘山烈士陵园位于天津市蓟县盘山，占地 20 公顷，1959 年建成，是冀东著名的烈士陵园之一。1997 年 7 月，该陵园被中宣部公布为第一批全国爱国主义教育示范基地。

盘山烈士陵园是在原静寄山庄的小石城和乐山书室的基址上修筑的。这里是抗日战争时期著名的白草洼战斗的战斗遗址。陵园附近还展示有当年在岩石上刻写的标语口号战场、会场和报社等遗迹。

走进盘山烈士陵园大门，就可看到一排民族形式的建筑，这是盘山抗日斗争事迹陈列馆。陈列馆正中的穿堂两边，各有一个展室。馆内展出了抗日战争时期的珍贵革命文物 200 余件，还有大量的文献资

◎天津盘山烈士陵园

料和图片，生动形象地介绍了盘山抗日根据地军民可歌可泣的动人事迹。

革命烈士纪念馆位于陵园的中心位置，占地面积200平方米。馆内正中是毛泽东的亲笔题词。题词两侧分别介绍了抗日战争时期，曾经在蓟县和冀东从事抗日工作的53位烈士。其中包括冀东军分区副司令员包森、冀东西部地委书记田野、冀热辽第一专署专员杨大章、抗日支队副司令员白乙化和蓟县党的主要创始人李子光等。

烈士纪念碑巍然矗立在陵园北部最高的地方。碑基1177平方米，碑身用汉白玉石块砌成，上面镌刻着齿轮麦穗图案，象征着工农联盟。碑高27.5米，碑身正面镌刻聂荣臻元帅的亲笔题词："光荣烈士永垂不朽"八个鎏金大字。左侧镌刻谢觉哉题词："永远活在人民心中"；右侧镌刻宋劭文题词："抗日英雄浩气长存"；后面镌刻李运昌题词："为人民革命事业而牺牲的英雄们永垂不朽"。题词表达了党和人民对革命先烈的无限敬仰和深切怀念。

烈士墓区位于碑前甬路两侧，安葬着205名阵亡先烈。主墓为冀东军分区副司令员包森和冀东西部地分委书记田野，陪墓有32座，群墓有171座。

盘山抗日烽火

盘山地处京津唐三角地带，自古便是兵家必争之地。盘山抗日根据地建立以后，这里很快成了河北抗战的中心。七七事变后，党中央提出在河北东部（冀东）敌占区建立根据地的任务。

1938年6月，八路军第四纵队共5000多人在司令员宋时轮、政委邓华的率领下，兵分两路挺进冀东，支援当地党组织领导的抗日斗争。

7月，冀东举行了有10万人参加的抗日武装大暴动，沉重打击了日本侵略者和汉奸。

盘山全县上万人参加抗日联军。从1940年年底到1943年年初，盘山抗日根据地不断壮大，严重打乱了日本侵略军的安排部署。日伪军削弱盘山抗日力量对根据地进行过多次大规模入侵，制造了多起骇人听闻的惨案。

当地百姓描述当时的情景是“抬头见岗楼，迈步封锁沟，无村不戴孝，四处是狼烟”。面对残酷的现实，盘山的民兵组织发动群众，运用地雷战、地道战等灵活多变的斗争形式，经受住了最严峻的考验。

从1940年5月起，日军对盘山根据地展开围剿。八路军冀东军分区包森副司令员，多次率兵痛击日军。1941年6月，他率部转入外线作战，将抗日根据地扩展到密云、平谷、三河、兴隆、遵化、玉田、宝坻等县。

1941年春，八路军十三团一营，利用陵园里石海洞穴这一天然屏障，抗击数倍于己的日军两天两夜，取得了突围战的胜利。

1943年1月，八路军主力部队返回冀东。通过数次战役，终于收复了盘山根据地的大部分地区。1945年5月，盘山民兵被冀热辽军区第十四分区授予“民兵英雄”称号。

1945年8月，日本无条件投降。在付出牺牲总数达2万人生命的巨大代价后，盘山根据地终于坚持到了最后，迎来了抗战的胜利。

震动日本朝野的包森

包森原名赵宝森，又名赵寒，1911年7月21日出生于陕西蒲城县一个贫苦农民家庭。1927年，包森进入蒲城县第一高小上学。当时正值蒋介石叛变革命，人民陷于水深火热之中。在学校共产党员和进步教师的启发下，他开始阅读进步书刊，和同学们探讨中国贫穷落后的原因，逐步懂得了只有将帝国主义和封建军阀的反动统治推翻，才能拯救中国的道理。

1931年，日本帝国主义发动九一八事变并占领东北地区，蒋介石采取了不抵抗的反动政策。在省立第三中学就读的包森联合学校爱国

◎包森

同学组成宣传队，在三原、泾阳等地举行示威游行，反对国民党卖国投降政策。最后，包森被学校开除了学籍。

包森被学校开除后回到家乡并组建了家庭，但他并没有沉浸在新婚生活中。他四处奔走，寻找革命同志，联络爱国同学，到处宣传抗日救国。1932 年 2 月，包森加入中国共产党，1937 年 3 月赴延安，进入中国人民抗日军政大学学习。抗战爆发后，他被派往晋察冀抗日根据地独立一师工作，任 33 大队总支部书记。1938 年 6 月，他率领 40 多人到冀东，在河北兴隆一带开辟抗日游击区。1939 年 4 月下旬，包森指挥部下巧妙活捉前来捉拿自己的日本天皇表弟、宪兵大佐赤本，日本朝野，一时为之震动。1939 年秋，包森被任命为冀东军区副司令员。

1940 年 2 月，包森率部到达盘山，全力开辟盘山抗日根据地。6 月下旬，仓森指挥部队在白草洼设下埋伏，与日军激战 14 个小时。此役取得了冀东地区首个全歼日本整个骑兵中队的巨大胜利。

1941 年春，包森率部参加反“治安强化”战斗。他上百次地出没在与日伪军短兵相接的厮杀中，身上挂彩多次。但他早已将生死置之度外，每次都坚守在战斗指挥的最前沿。在他的指挥下，部队打了一个又一个漂亮仗。其中 1942 年 1 月燕山口内果河沿一役，包森以七个连的兵力，毙俘敌伪中佐以下官兵近千人，创造了以少胜多、以弱胜强的奇迹。

1942 年 2 月 17 日，包森率部在遵化野户山同敌人展开战斗。在战斗中，当他上北山用望远镜观察敌情时，胸部被敌人狙击手的冷枪射中。他知道自己的伤很严重，为了稳定军心，他强忍疼痛说：“我负伤了，由一营长指挥队伍。”当警卫员背着他走到战场东侧小山时，这位威震敌胆的抗日民族英雄，已经停止呼吸。

包森牺牲的消息传出后，整个冀东党政军民都沉浸在巨大悲痛之中。敌人在得知这个消息后，也一反常态，将之前所有宣传报道上的污蔑攻击之词都去掉了，改做了“包森司令长官战死”的郑重报导。这位抗日民族英雄在敌人心目中的地位可见一斑。

1945 年 3 月，蓟县人民为纪念这位抗战英雄，曾一度将县名改为“包森县”。

平津战役纪念馆

概况

平津战役纪念馆位于天津市子牙河桥西侧的植物园预留地内，占地 4.7 万平方米，于 1997 年建成。该馆是反映中国解放战争平津战役的专题纪念馆。2001 年 6 月，该馆被中宣部公布为第二批全国爱国主

◎平津战役纪念馆

◎《走向胜利》雕像

义教育示范基地。

纪念馆主要由序厅、战役决策厅、战役实施厅、人民支前厅、伟大胜利厅、英烈业绩厅、多维演示馆、纪念广场、胜利花园等组成。

序厅正中央有铜铸雕像《走向胜利》，展现了中共中央毛泽东和刘少奇、朱德、周恩来、任弼时五位书记的领袖风采；墙屏上毛泽东关于平津战役作战方针的浮雕手迹熠熠生辉；巨幅壁画《胜利交响诗》反映了东北、华北两大区军民英勇奋战、夺取战役胜利的宏大场面。

战役决策厅内设置了毛泽东西柏坡办公室旧址复原蜡像以及大量历史文物、照片、多媒体演示，将毛泽东驾驭战争的伟大气魄，运筹帷幄的高超指挥艺术，形象生动地表现出来。

战役实施厅通过大量照片、文献、实物等史实材料与图表、绘画等辅助展品有机结合、全面、真实地展现了平津战役从发起到胜利结束的光辉历程。展厅设置的巨幅塑型电动图、大屏幕电视、战场景观、电动沙盘等，运用现代化的手段和形式，逼真地再现了战争场面。

人民支前厅运用大量史料，翔实地展现了东北、华北各级中国共产党组织、政府和解放区广大人民群众踊跃支援前线的历史场景，深刻地揭示了兵民是胜利之本这一革命战争规律。

伟大胜利厅陈列了平津战役取得的辉煌战绩和北平、天津以及全国各地欢庆胜利的场面等内容，并设置了缴获武器陈列台。同时对平津战役胜利后、新中国成立前发生的一些重大历史事件做了概括介绍。

英烈业绩厅陈列了中国共产党的三代领导核心毛泽东、邓小平、江泽民和其他领导同志的题词，介绍了平津战役中牺牲的32位著名烈士和团以上干部、26位战斗英雄和109个英模群体的事迹；展出了英模群体的锦旗，大量奖章、证书和英烈所用物品。英烈名录墙将战役中牺牲的6639名烈士姓名镌刻在上，寄托了对烈士的深切怀念和敬仰。

多维演示馆是目前亚洲最大的球体建筑之一，高43米，直径50

◎平津战役广场雕像

米。运用现代声、光、电高科技与多元化视听的技术手段，把全景式超大屏幕环球电影、背景画、战场微缩景观结合起来表现战争时空氛围的音响合成，创造出新颖、独特的视听艺术形式，气势恢宏地演示了平津战役多维空间历史画面。

馆外“纪念广场”总体环境艺术以胜利为主旋律。两根高大花岗岩圆柱构成胜利门，柱顶分别伫立着人民解放军东北野战军和华北军区部队战士雕像。反映军民团结奋战、欢庆胜利的花岗岩浮雕墙分列胜利门两旁。广场中央竖立着高 64 米的胜利纪念碑，不锈钢三冷刺刀直插云霄。广场东西两侧的大型锻铜群雕，烘托出人民战争的磅礴气势。

广场东西两厢布列着火炮、坦克、装甲车等重型兵器，渲染出纪念馆的浓重军事色彩。

平津战役

平津战役是解放战争时期中国人民解放军东北野战军和华北军区部队，在北平、天津、张家口地区对国民党军队进行的第三个战略性进攻战役，也是战略决战的最后一个大战役。从 1948 年 11 月 29 日开始，1949 年 1 月 31 日结束，历时 64 天，共歼灭和改编国民党军队 52 万余人。解放军以伤亡 13.4 万余人的代价，基本上解放了华北全境。

1949 年 11 月 2 日，辽沈战役胜利结束以后，据守张家口、北平、天津、唐山一线的国民党华北“剿总”傅作义集团 50 多万人。在东北、华北解放军的联合打击下，傅作义集团已成惊弓之鸟。是撤是守，蒋介石、傅作义都有自己的打算。虽然他们主张不同，但都过高估计了自己的力量，最终，傅作义集团采取了暂时固守平津，以观战局变化的方针。

为了防止傅作义集团南撤西退，中央军委和毛泽东决定以东北野战军和华北军区主力联合举行平津战役，把傅作义集团就地歼灭，并采取了这样几条措施：东北野战军休整立即结束，取捷径以最快速度隐蔽入关，突然包围唐山、塘沽和天津的敌军，斩断敌人海上退路；徐向前兵团停止攻打太原，杨成武兵团撤围归绥（现呼和浩特），以免傅作义作战失利后向西北逃跑；通过与傅作义谈判，将他稳住等。

在平津战役中，解放军参战总兵力100多万人。中央决定由林彪、罗荣桓、聂荣臻三人组成党的总前委，林彪为书记，统一指挥作战，接管平、津、张、唐等地的一切事宜。

平津战役开始以后，解放军首先对傅作义集团进行分割包围，截断其西退、南撤的通路，将这只惊弓之鸟变成笼中之鸟。然后按照毛泽东确立的先取两头后打中间的攻击次序，逐一歼灭被围困在新保安、张家口、天津等地的敌人，解放了天津和塘沽。

天津解放后，北平守敌25万人陷于绝境。为了保护北平这座文化古城，中央军委决定同傅作义谈判，争取和平解放北平。通过谈判，傅作义接受毛泽东提出的“八项和平条件”，率部接受和平改编。

◎平津战役壁画

1949 年 1 月 31 日，平津战役胜利结束，人民解放军进驻北平城，北平宣告完全解放。3 月 15 日，中共中央由西柏坡迁到北平，人民解放军总部也随之迁北平。1949 年 10 月 1 日，中华人民共和国成立，定都北平，并改北平为北京。

平津战役，是解放战争战略决战三大战役中最后一个战役，此役共歼灭、改编国民党军 52.1 万人，人民解放军伤亡 3.9 万余人。这一伟大胜利，是军事打击和政治争取相结合的结果，使悠久的文化古都北平和工商业大城市天津回到人民手中，从此写就新的历史篇章。

董来扶与“功臣号”

董来扶，是第四野战军特种兵纵队战车团 1 连“102”号坦克驾驶员，也是装甲兵部队第一位“全国战斗英雄”。

1929 年 9 月，董来扶出生在山东诸城一个贫苦农家。13 岁时，他只身来到沈阳谋生，在一家日本人开的钢材株式会社当整理工。抗日战争胜利后，董来扶参军入伍，成为第四野战军特种兵战车团 1 连“102”号坦克驾驶员。

1948 年，董来扶驾驶坦克奔赴辽沈战场，参加了锦州战役。在激烈的巷战中，他开着“102”号坦克冲在队伍最前面，接连攻下敌人的碉堡，并在冷却器被毁，坦克无法行进的情况下，准确击中守敌指挥所。在这次战斗后，“102”号坦克被第四野战军授予“功臣号”荣誉称号，董来扶荣立大功一次并光荣入党。

◎董来扶

1949 年 1 月 14 日黄昏，坦克大队参加了解放天津的战斗。他们按命令分两路进攻。董来扶所在的坦克一连从西线进攻，先打外围。他驾驶的“功臣号”

坦克，一直冲在前面。在炮兵和工兵帮助下，“功臣号”首先通过雷区，跨过壕沟，掩护步兵，向敌军发起猛烈地攻击，顺利突破敌军外围防线，占领大营门。接着，“功臣号”参加了攻打自来水公司的战斗。为了保护水厂设施，上级命令尽量少开炮，“功臣号”的机枪手就用机枪为步兵开路。经过激战，部队终于将自来水公司拿下了。其他各路大军也连连获胜。解放军乘胜前进，各路大军对敌形成包围圈，准备在金汤桥会师。

在攻打金汤桥的战斗中，董来扶驾驶着“功臣号”又冲在前头。在距敌人阵地 200 米左右的地方，攻击部队被困住了。敌人的两个地堡射出的枪弹打在坦克甲板上冒出串串火星，霎时步兵被压得寸步难行。董来扶沉着冷静，连续开炮，几发炮弹就炸毁了这两个火力点。顿时，敌人乱了阵脚，纷纷向后逃窜。解放军猛追不舍。此时又发现了敌人的两个地堡。“功臣号”再次将其摧毁后，掩护部队与其他部队胜利会师。这次战斗，“功臣号”的全体人员荣立一等功，董来扶立大功。

1949 年 10 月 1 日开国大典阅兵，董来扶驾驶着“功臣号”坦克走在坦克装甲车方队最前面，光荣地接受了党和人民的检阅。

1950 年 9 月，董来扶参加全国战斗英雄代表大会，被授予“全国战斗英雄”称号。

周恩来邓颖超纪念馆

概况

周恩来邓颖超纪念馆位于天津风景秀丽的水上公园北侧，占地面积 6 万平方米，建筑面积 7150 平方米，是一座园林式的伟人纪念馆。

◎周恩来邓颖超纪念馆

2001 年 6 月，该纪念馆被中宣部公布为第二批全国爱国主义教育示范基地。

纪念馆高 21.3 米，主体为三层，布局呈“工”字形，屋顶采取传统重檐形式并结合现代工艺，石材屋面，外檐镶嵌花岗石，色彩朴素淡雅。馆内藏品丰富、文物价值弥足珍贵，有文物、文献、照片等资料 8000 余件。

纪念广场、巨型花岗岩雕像《高山仰止》、不染亭、纪念林、草坪花卉与纪念馆相互衬托，环境幽雅，气氛庄重。

纪念馆展厅包括瞻仰厅、生平厅、情怀厅以及竹刻楹联厅和书画艺术厅。

瞻仰厅正面耸立着周恩来和邓颖超的汉白玉雕像《情满江山》。大型壁毯《海阔云舒》作为背景，两侧浮雕墙镌刻出五四运动、南昌起义、红军长征、西安事变和开国大典、祖国建设等历史性画面。

生平厅分为 9 个部分，采用复原场景、微缩景观、灯箱图表、超

◎《情满江山》雕像

宽银幕、背投式大屏幕、触摸式显示屏等现代科技手段和大量翔实的历史资料、珍贵的文献文物，全面展示两位楷模在各个历史时期的风采。

情怀厅分三部分。“伉俪情深”再现两位伟人在革命中产生爱情、爱情激励他们献身革命的崇高情谊。“爱满人间”赞颂他们热爱祖国、热爱人民的真挚情怀。“举世敬仰”展现全国各族人民和世界人民无限敬爱两位伟人的真挚情感。

楹联厅和书画厅汇集并展示了来自全国的知名人士和著名艺术家讴歌周恩来、邓颖超的竹雕艺术品和书画作品。

伉俪情深

周恩来和邓颖超相识于1919年反帝反封建的“五四”运动。那时，邓颖超在北洋直隶第一女子师范读书，是“女界爱国同志会”的讲演队长。周恩来刚从日本留学回国，是《天津学生联合会报》的主编。为了加强斗争力量，周恩来、邓颖超、马骏、郭隆真等二十名青年男女，成立了觉悟社，并出版不定期刊物——《觉悟》。在天津爱国学生运动中，周恩来与邓颖超都是冲锋在前的勇士，又是志趣相投的战友。

1920 年 11 月 7 日，周恩来等 197 名学生奔赴法国巴黎，去进一步探求救国救民的真理。邓颖超则到北京师大附小当了教员。他们虽然相隔万里，但彼此间的联系从未间断。凭着鸿雁传书，他们交流着思想。正是在这种纯真的、志同道合的通信中，他们的感情慢慢成长，最终定情。

不论是战争岁月，还是和平年代，无论何时，无论何地，周恩来与邓颖超都心心相印，相互关怀，相互思念。

“八一”南昌起义失败后，在撤退途中，周恩来发高烧到 40 度。尽管如此，他依然尽心安排善后工作。因劳累过度、神志昏迷，由聂荣臻等护送到香港治疗。

当周恩来第一次从昏迷中醒来，就迫不及待地问身边工作的同志：“不知道邓颖超有没有消息?”这位同志答道：“已经到了上海。”他又问：“你是怎么知道的?”这位同志告诉他消息确实，他才放心。

1947 年 3 月，国民党转变战争策略，由全面进攻解放区改为重点进攻陕北、山东两翼。中共中央主动撤出延安。毛泽东、周恩来、任弼时等领导人留在陕北指挥西北和全国的解放战争。

◎周恩来与邓颖超合影

周恩来转战陕北战场，在百忙之中，仍在中秋之夜抽出时间给邓颖超写了封信。这封信几经辗转，终于送到邓颖超手中。当时，她正在晋察冀边区搞土地改革，和秘书楚平住在一个老乡家里。楚平开玩笑说："大姐的情书来啦！"邓颖超愉快地看完信，诙谐地说："不是情书，是形势报告。不信你看！"她大方地把信递给楚平。楚平指着信中"今日中秋，对月怀人"等处说："这不是情书吗？落款处还特地写明了是旧历中秋写的哩！"

1954年，周恩来率领中国代表团，出席了在瑞士举行的日内瓦会议。这时，国内家中的庭院里，海棠花正开得娇艳。周恩来最喜欢的花就是海棠花。邓颖超赶紧压了一枝，连同原来压好的一片红叶，一起装在信封里寄去。信里还写道："红叶一片，寄上想念"，表达了真挚的思念之情。周恩来则托人带回了压制好的日内瓦出名的芍药花与玫瑰花，作为回敬的礼物。

周恩来工作不分时间、不分地点，随时批阅文件。有时没有桌子，他就顺手拿本书垫一垫，但是不方便书写。后来他发现用一块小三合板来衬垫就方便多了。从此他的卧室和没有桌子的地方都放上一块小三合板，以便随时取用。

周恩来盘膝坐在床上，垫着三合板批改文件非常辛苦，尤其在他高龄、重病之后，更是经常感到劳累。为此，邓颖超亲自设计了一个一边高、一边低，适合周恩来靠坐在床上伏案工作的小床桌。在桌面四周还加了边框，使文件不致散落在床上，减少他用左手去扶持文件的力量。

1972年，周恩来被诊断出身患癌症，一直拖到1974年夏才住进医院。在周恩来住院期间，邓颖超不论阴晴风雨，每天都要去看望周恩来，有时还参加医疗组织会议，讨论治疗方案。在需要做手术时，邓颖超总是在手术室外边守候，直到深夜……

1976年1月，周恩来逝世了。同半个多世纪生死与共的爱人诀别，邓颖超的心都碎了。她用周恩来生前对她的爱称，献上了用鲜花扎成的花圈，花圈上写着"战友——小超哀献"。

天津自然博物馆

概况

天津自然博物馆位于天津市河西区马场道的西端，占地 2 万平方米，建筑面积 1.2 万平方米，是中国最大的自然博物馆之一。2001 年 6 月，天津博物馆被中宣部公布为第二批全国爱国主义教育示范基地。

天津自然博物馆馆藏动、植物标本及古生物、古人类化石约 38 万件。其中有 200 件模式标本被列为国家一级标本保存。

动物生态厅展示的是按生态地理形式陈列的爬行、鸟兽动物群。

◎天津自然博物馆

既有东北的浩瀚林海，也有辽阔的塞北草原，亚热带的高山林灌，还有南疆的热带雨林。

陈列在其中的动物丰富多彩，共约 140 种，展品栩栩如生，约有 200 余件。展览配以高山、流水，并利用高科技手段展示了它们生活的动态场景。厅内还有多媒体触屏、电脑拼图、连线问答等辅助设施，方便参观者自由获取自己感兴趣的展品信息。

世界昆虫厅展览分为两大部分。第一部分昆虫大世界，分为比恐龙出现更早的动物——昆虫、昆虫的近亲、生命的故事——昆虫变态、保全生命的自卫与伪装艺术、一只昆虫的构造解剖五部分介绍了昆虫的基本知识。

第二部分千姿百态的昆虫。通过有原始状态翅的昆虫；最美丽的昆虫——蛾和蝶；身披盔甲的昆虫——甲虫；排放臭味的昆虫；会唱歌的昆虫；令人讨厌的昆虫；社会性生活的昆虫；世界各地的观赏昆虫的展现，帮助观众增长昆虫方面的知识、开阔视野、充分领略昆虫

◎天津蓟县出土的古象牙化石

世界的神奇魅力。

海洋贝类厅通过大量珍稀热带海洋贝类标本向观众打开一扇了解海洋、认识海洋贝类资源的窗口。展览分为贝类漫谈、沧海桑田贝壳堤、天津沧桑多变三个部分，由浅入深地向观众展示贝类漫长而复杂的演化过程。

热带雨林观赏区中展现了热带雨林景观。热带地区长期气候和环境的稳定，加上终年高温高湿的优越条件，热带雨林未受到地质历史时期冰川作用的影响，植被发展非常茂盛，形成一种高大而多层的结构。各种不同的树木大小都有、高矮搭配，构成三到四个树层。由于森林的多层次，几乎没有直射光能到达地面，树下十分幽暗、阴森。踏进热带雨林，这种遮天蔽日、光线幽暗的景象使人觉得仿佛进入混沌初开的远古时代。

在触摸池，参观者可以亲手触摸憨态温顺的海龟、行动迟缓的海星、奇形怪状的海螺、张牙舞爪的虾蟹、反应敏捷的鱼类、还有舞姿翩翩的海葵，甚至可以亲手投喂，尽情体验零距离接触带来的快感，亲身领略这些来自大海的朋友。

海洋生物区展示了神秘的海底世界，众多珍贵的海洋动物在这个具有现代化设备的新家里生活。人们能够更近距离地观察它们、认识它们，和它们交流、建立友谊。

渤海明珠

天津自然博物馆的前身是北疆博物院。北疆博物院是法国耶稣会教士、动物学博士桑志华于 1914 年筹建的。桑志华在中国工作时间长达 25 年，探察了黄河流域、海河流域广大地区的人文、地理、地质、气象和动植物资源，行程约 5 万公里，采集古生物、动物、植物、古人类、岩矿等标本 20 余万件。

1922 年，法国天主教会募集资金，建设了北疆博物院第一座办公

◎桑志华

楼。1925年建设陈列厅与办公楼相接，1928年5月陈列厅建成开放，1930年建成藏品楼。至此北疆博物院建筑形成一座工字形建筑。

在桑志华院长的亲自主持下，北疆博物院至1937年已经成为世界上享有盛名的博物馆之一。它的出版物对中国华北地区的地质生物研究产生了非常重要的影响。

1937年抗日战争爆发，日军占领了中国东北、华北、华东大部分地区。桑志华的采掘工作不得不中断。1938年天津被日军占领，桑志华回国。北疆博物院的采掘与研究工作也基本停止。1938年至1949年，北疆博物院处于看守阶段。

1951年9月，天津市委宣传部接收北疆博物院。1952年6月，天津市人民政府批准在北疆博物院的基础上组成天津人民科学馆筹备委员会。同年11月，天津市人民科学馆成立。1957年6月，又更名为天津市自然博物馆。

1959年，陈列展览和办公地址迁至河西区马场道272号（原英国跑马场的马厩）。同年，时任政务院副总理、文化教育委员会主任、中国科学院院长的郭沫若先生为该馆题写了馆名。1968年8月，天津市历史博物馆、天津市艺术博物馆、天津市自然博物馆合并，组建天津市博物馆。1973年12月，各博物馆建制恢复。1974年1月，更名为天津自然博物馆，1975年在原址改建展室，1978年建成开放。

1997年，天津市政府投资在原址翻建天津自然博物馆，1998年重新开放。新馆占地2万平方米，建筑面积1.2万平方米，由陈列馆、藏品库、业务用房、植物园四个功能区组成。主体建筑造型为“海贝含珠”，寓意天津自然博物馆是渤海之滨的一颗明珠。

缔结姊妹馆

2009 年 4 月 9 日，在法国最大和欧洲最具影响力的法国国家自然历史博物馆里，举行了隆重的天津自然博物馆和法国国家自然历史博物缔结姊妹馆签字仪式。两馆馆长在合作备忘录上正式签字。随同前往的天津代表团成员、中国驻法国使馆官员以及法国国家自然历史博物馆的专家学者见证了这一历史时刻。

法国国家自然历史博物馆是欧洲著名的自然历史博物馆之一，在国际上以历史悠久、门类齐全、馆藏丰富享有盛誉。它始建于 1636 年，1794 年命名为国立自然历史博物馆。博物馆占地面积为 22 公顷，集中了世界上最丰富、最罕见的动植物和矿物等标本 2 千万件，荟萃众多稀世之宝，展示自然界传统的、现代的及未来的多学科领域。

天津自然博物馆与法国国家自然历史博物馆有着悠久的历史渊源。近年来，两馆交往更加广泛深入。姊妹馆的第一个合作项目是 2010 年 4 月在法国国家自然历史博物馆举办的恐龙展——《最后的巨人》。

法国国家自然历史博物馆是天津自然博物馆的首个姊妹馆，它表明天津自然博物馆在对外交流、开启国际合作方面采取的姿态更加开放。两馆就今后的具体合作方向达成了共识，涵盖了双方共同的活动领域。主要内容包括四方面：一是在遵守双方法律法规的基础上，联合科学研究，联合科学考察；二是在互惠互利的前提下，互办展览；三是互相宣传，互惠教育与研究信息、交换宣传资料、链接网站、相互推介；四是互访人员——两馆的研究人员相互访问、交流、学习和培训等。

中国驻法国使馆公使级文化参赞蒲通先生高度评价了天津自然博物馆的此次活动。他说：“天津自然博物馆完成了一个有重大意义的文化交流活动。天津自然博物馆以一个市级博物馆的名义与法国国家级博物馆建立姊妹馆关系，具有深远影响。”

天津科学技术馆

概况

天津科学技术馆位于河西区乐园路，占地面积近 2 万平方米。于 1992 年开始兴建，1995 年元旦正式向社会开放。2001 年 6 月，天津科学技术馆被中宣部公布为第二批全国爱国主义教育示范基地。

无论从高处鸟瞰，还是从远处凭眺，天津科学技术馆的外形都酷似一座桥，象征着科技是连接现在与未来的一座桥梁。“桥”中央的 3/4 球形天象厅，宛如一轮喷薄欲出的朝阳，象征青年一代是科技事业的未来和希望。

◎天津科学技术馆

馆内由展示厅、多功能天象厅、报告厅、培训教室等组成，其中常设展厅面积1万平方米。其建筑规模、展品数量、服务功能均达到国内先进水平，是中国大陆地区最早建成的大型现代化综合性科普设施。

展示厅是该馆的主体部分，其建筑面积1万平方米，大空间构造。展厅分上、下两层，按不同学科和专业技术门类设13个展区，共有300多件（套）展品。展示厅布局气势恢弘，分区布展又各具特色，让人们进入展厅犹如置身于科学殿堂之中。

其中，2002年8月建成的“数学厅”由名誉馆长陈省身先生亲自设计，占地1100平方米，由序厅、数学史长廊、中外数学家、古典数学、现代数学、计算机及其应用等六部分组成，受到国内外数学家瞩目。“科技名人园”、“动手动脑园区”等展区可满足不同年龄和层次的观众参观。

该馆的展品集科学性、知识性、趣味性、参与性、艺术性于一体，借助声、光、电、计算机等现代化展示手段，生动形象地向公众普及科学技术知识。参观者在直接参与操作展品的过程中，通过视觉、听觉、触觉等感觉系统，亲身体验到科学技术带来的乐趣。

科技馆的天象厅（也称宇宙剧场）是一座具有多种功能的球形建筑。内部装有倾斜式铝质天幕和天象仪、360度全天域穹幕电影放映系统和各种投影设备。观众可坐在舒适的座位上观看奇妙的天体、天象景观和科学探险影片。穹幕电影通过超常视野鱼眼镜头的拍摄和全天域穹幕放映，场面壮观，效果逼真，给观众以强烈的临场感受。

科技馆开馆以来已有29位党和国家领导人到馆视察，国内外朋友也纷纷来馆参观，年接待观众量为30万人次，受到社会各界的广泛赞誉。

大沽炮台遗址

概况

大沽炮台遗址位于天津市塘沽区海河与渤海的交汇处。大沽口是北方的海防要隘，自古就是入京的水道咽喉，历史上被称为“津门之屏”。明代嘉靖年间为了抵抗倭寇，开始在此筑垒设防。现存的大沽炮台遗址占地20公顷，包括南岸“威、镇、海”三座炮台遗址、长炮台遗址四座、南岸营盘东侧遗址、南侧围墙遗址局部、北岸“石头缝炮台”旧址。2005年11月，大沽炮台遗址被中宣部公布为第三批全国爱国主义教育示范基地。

1997年，在“威”字炮台遗址上，天津市人民政府修建了大沽炮台遗址纪念馆，占地1.69公顷。纪念馆的正门是一座镌刻着“海门古

◎大沽口炮台遗址

◎大沽炮台遗址纪念碑

塞”四个大字的仿古牌坊。

进门后首先映入眼帘的是一座黑色大理石的“大沽炮台遗址纪念碑”。由中共天津市委、市政府署名的碑文，介绍了大沽炮台的历史沿革及其在中国近代历史上的重要作用。碑文的末尾写道：“一九九七年七月一日，我国政府恢复对香港行使主权，洗雪国耻，举国同庆。天津军民，抚今追昔，缅怀英灵，整修炮台。历史之鉴，永世不忘。特刻石铭志。”1997 年 7 月 1 日这一天，是大沽炮台遗址纪念馆建成开放的日子。天津市人民庆祝香港回归祖国的纪念大会也于同一天在这座纪念碑前举行。

在大沽炮台遗址纪念碑东边是“威”字炮台遗址。顺着坡形的马道登顶炮台后，大沽海口尽收眼底。远眺天水尽头波涛苍茫，大小船只进出海口。炮台上陈列的一门门铁炮斑驳锈迹，历经百年风雨的“三合土”炮台遍体鳞伤。

在“威”字炮台遗址北侧，是大沽口炮台遗址博物馆。建筑外形呈不规则的放射形，犹如炮弹爆炸的形状，取义于“东西方文化的碰撞、民族精神的迸发”。整个建筑用高强度钢板覆盖，用锈色体现历史

◎大沽口炮台遗址博物馆

的厚重与深沉，极富震撼力与艺术性。

大沽口炮台遗址博物馆属于遗址类博物馆，建筑面积 3900 平方米。主要由展厅、3D 影院、临时展厅等组成。

主展厅面积约 1700 平方米，由序厅、京畿海门、沽口御侮、国门沦陷等部分组成，采取博物馆与纪念馆相结合的陈列艺术形式、传统与现代相结合的陈列方法，通过声、光、电等现代手段，客观而生动地展现大沽口炮台历经外敌入侵、几经兴废的悲壮历史和中国人民不畏列强、顽强抗争的史迹，更多地体现大沽口炮台在中国近代史上的重要地位及丰厚的历史积淀。

3D 影片《沽口悲歌》依托大沽口炮台遗址博物馆独特的爱国主义和历史知识教育资源，全方位、立体化地展示了大沽口炮台鼎盛时期的防御体系及第四次大沽口保卫战的壮观场面，是博物馆展陈内容的延续和升华。

硝烟中的炮台

大沽口是京津门户，海河要隘。自古以来就是海防重镇，素有

“南有虎门，北有大沽”的说法。大沽口炮台是“外接深洋，内系海口”的“海门古塞”。在中国近代史中，大沽口炮台更是成为中国重要的海防屏障。

明朝嘉靖年间，为了抵御倭寇，开始在大沽口构筑堡垒，正式驻军设防。1816 年，清政府在大沽口南北两岸分别修建了一座圆形炮台。炮台高度约为一丈五尺，宽九尺，进深六尺。内用木料、外用青砖、白灰灌浆，异常坚固。这是大沽口最早的炮台。

第一次鸦片战争后，清政府对炮台进行增修加固。至 1841 年，大沽口已建成大炮台 5 座、土炮台 12 座、土垒 13 座，组成了大沽炮台群，形成较为完整的军事防御体系。

1858 年，钦差大臣僧格林沁镇守大沽口，对炮台进行了全面整修，共建炮台 5 座，其中 3 座在南岸，2 座在北岸，分别以“威”、“震”、“海”、“门”、“高”五字命名，寓意炮台威风凛凛镇守在大海门户的高处。

大沽口炮台见证了中华民族抗击侵略、不畏强暴的历史。从 1840 年至 1900 年整整六十年间，外国列强为夺取在华的经济利益和政治特权，于 1858 年、1859 年、1860 年、1900 年先后四次对大沽口发动侵略战争。他们依仗着先进的武器，侵犯大沽口，甚至进逼京畿，烧杀抢掠，无恶不作。在侵略者枪炮威逼下，清政府签订了一个个不平等条约。

面对强大的侵略者，大沽地区军民，在四次大沽口保卫战中，用自己的血肉之躯同入侵略者进行了殊死搏斗，向世界显示了中国人民不屈不挠、勇敢坚强的民族气概。其中，著名将领罗荣光就是诸多为国捐躯英烈中的代表。

1901 年，根据丧权辱国的《辛丑条约》，清政府被迫将大沽口炮台拆毁。后来只有“威”字南炮台和“海”字老炮台两座遗址保存较好，其它炮台已不复存在。

100多年前的历史，充满了伤痛。但是，一个古老民族的灵魂是决不会被帝国主义的大炮摧垮的。不甘屈辱的中国人在硝烟中站起来了。今天的大沽炮台，就像不肯倒在战场上的勇士。它背负着往日的屈辱，带着满身的伤痕，毅然挺立在中华民族的北方国门。

沽口悲歌

从1858年至1900年，外国列强为夺取在华经济利益和政治特权，先后4次进攻大沽炮台。面对强大的侵略者，中国军民一次次用自己的血肉之躯同入侵者进行殊死搏斗。在四次大沽口保卫战中，只有第二次作战取得了胜利，在近代民族反抗侵略的历史上书写下精彩一页。

1858年，钦差大臣僧格林沁奉旨对大沽口炮台进行重建，在加强防务方面做了很多工作，例如，从大沽口到山海关一线的众多海口，选择战略要地屯兵设防；实行新老兵混合编制，以老带新；重视战备训练，奖优罚劣，提高兵员训练热情等一系列积极措施。此外，僧格林沁汲取第一次保卫战中的惨痛教训，上书朝廷掌握了更大的指挥自主权，以便于自己根据实际情况，把握战机。

《天津条约》签订后，英法政府仍不满足既得利益，蓄意利用换约时机，重新挑起战争。1859年6月，英法公使率领舰队从上海北上，目标直指海河口。6月18日上午，大约有20余艘联军舰船驶抵拦沙江一带。

当天中午，联军8艘军舰突然直闯内河。僧格林沁当即传令南北炮台"安准炮位，点配火绳，准备轰击"。但联军并没有立即发动进攻，只是接连在附近进行侦察，鸣枪发炮，恣意挑衅。对此，僧格林沁始终按兵不动，密切关注联军的动向。

25日拂晓，在破坏最外层拦河铁链、木栅以及铁戗等障碍物手，联军舰队的多艘船只竖起红旗，并行驱进，肆意挑衅。面对严峻的形势，僧格林沁隐忍未动，并派官员前往联系，谋求建立对话通道，但

◎大沽口炮战(雕塑)

遭到拒绝。

25日下午3时，第一道障碍物被拆除后，英军“竟将合船蜂拥直上，冲至第二座炮台”，直接开炮向岸上轰击。此时，僧格林沁下令守军还击。

一时间炮声隆隆，海河口内外白浪翻滚，水柱冲天。激战到下午4时左右，抵近岸滩的联军舰船大部分都被击伤。美国远东舰队司令此时也揭开中立者的伪装，加入联军的阵营，展开对清军的攻势。

下午5时，联军司令贺布下达了登陆作战命令。英法联军陆战队1000余人在舰炮掩护下，向大沽海口南岸强行登陆，企图首先夺下南岸的三座炮台。僧格林沁察觉到联军的意图后，立即调集火器营前往迎击，北岸炮台也发炮支援。联军因死伤过多而停止前进，龟缩于壕沟中和土堆后。

入夜后，英法联军企图偷袭炮台。联军虽有多人爬到炮台下面第一道壕沟边，但因步枪塞满泥浆，随军带来的便桥和云梯又损坏不能使用，因此无法对炮台展开有效进攻。守军集中火力向隐藏在壕沟边的联军射击，迫使其向海口撤退。半夜时分，联军残部才陆续爬上舰船。

英法联军遭此沉重打击后，自知此次很难取胜，不得不收兵南撤。在参战的 13 艘英军舰艇中，有 4 艘被击沉，有 6 艘被严重击伤，丧失了战斗力。参战的英军陆战队 1200 人，死伤达 578 人。参战法军约 60 人，死伤 14 人。

清军在这次防卫战中，伤亡仅 32 人，大沽炮台也只遭到轻度破坏。中国军队取得了自鸦片战争以来抵抗外国侵略军的最大胜利。这次胜利，迫使美国特使按照清政府的要求在北塘换约。这一事件在近代以来的中国外交史上尚属首次。

天津博物馆

概况

天津博物馆位于天津河西区友谊路与平江道交口的银河广场上。主体建筑共三层，是一座历史艺术类综合性博物馆。2009 年 5 月，该博物馆被中宣部公布为第四批全国爱国主义教育示范基地。

博物馆占地面积约 4.7 万平方米，拥有 1.1 万平方米的现代化展厅。馆藏文物达 20 余万件，包括青铜器、陶瓷器、书法、绘画、玉器、砚台、甲骨、钱币、邮票等传世文物和历史文献、地方民间工艺及天津地区出土文物等多个门类。其中尤以古代陶瓷器、书法、绘画、砚台、钱币以及中国近代历史文物、文献最为突出。此外，天津博物馆还藏有各种专业图书资料 20 余万册。

天津博物馆设有《中华百年看天津》、《百年集珍——馆藏文物精

◎天津博物馆

品陈列》、《书法掠踪——中国古代书法艺术陈列》、《国瓷华彩——中国古代瓷器装饰艺术陈列》、《汉代遗韵——汉代文物展》、《明清宫廷绘画展》、《天津人文说由来》7个基本陈列。同时，博物馆先后引进了《秦兵马俑大型国宝珍品巡回展》、《汉风湘韵——长沙马王堆汉墓出土文物珍品展》、《清宫散佚书画国宝展》、《东方慧光——法门寺地宫出土文物珍品展》、《丝路放歌情系奥运——敦煌艺术大展》等200多个临时展览，为观众带来多姿多彩的精神文化享受。

《百年集珍——馆藏文物精品陈列》展览为大型文物主题陈列，荟萃馆藏文物精品110余件（套）。这些文物涉及玉器、青铜器、书法、绘画、瓷器、玺印、甲骨、敦煌写经等多种类别，是从馆藏20余万件文物藏品中萃取的文物精华。展览通过对百余年来从各种渠道汇集到天津的文物珍品的展示，揭示了博物馆文物集藏的过程，表现了天津文物收藏的历史特点和深厚实力。展览分为四个板块，分别为：文物收藏的沃土、内府珍藏徙津门、累累家藏献国家、殚精竭虑护珍宝。

大型历史主题陈列《中华百年看天津》占地2600平方米，展览以天津地方史为主题，通过364幅珍贵的历史照片、384件翔实的历史文献、文物和历史资料，采用三维空间的展示手法，将文物、文献、照片、模型、油画、景观等穿插其间，充分展示了天津建城以来城市发展的历程。

展览分为九个板块，分别为：天津历史的沉淀、英勇悲壮的抗争、工业文明的启蒙、殖民统治的见证、北洋新政的诞生、中西文化的交汇、北方经济的中心、日本侵华的基地、红色风暴的雷鸣。通过天津近现代历史的变迁和中国人民不屈不挠的反抗精神，激励人们热爱祖国、报效祖国的强烈信念。

镇馆之宝《雪景寒林图》

《雪景寒林图》以三拼绢大立幅图描绘北方冬日雪后山林气象。画上群山重重壁立，气势苍茫，深谷危径，枯木寒柯，隐现寺观，山麓水边密林数重，后有村居屋舍，一人张门而望。全画布置严整有序，笔墨质朴厚重。画家用“抢笔”笔法，密点攒簇，并参以短条子的笔道，来刻画北方山石的质感，使画面浑厚滋润，沉着典雅。

这幅图一直受到广泛重视。清代收藏家安岐把它称为“华原生平杰作”。因名款“臣范宽制”四字，隐于前景树林中，年久字迹漫漶不易辨认，关于此图是否是范宽所作，还有争议，但说它是宋画中代表范宽画派的重要作品，则是大家公认的。

范宽字中立，北宋山水画家，名列北宋山水画三大名家之一。因为他性情宽厚，不拘成礼，时人呼之为“宽”，遂以范宽自名。他早年师从荆浩、李成，后来他觉悟到应当重视对自然山川景物的观察、体验，因而长期生活于陕西华山、终南山等处，观览云烟惨淡、风月阴霁的微妙变化，对景造意，将崇山峻岭的雄强气势老树密林的荒寒景

◎《雪景寒林图》

色，生动地在笔下表现出来。他画山石落笔雄健老硬，以短而有力的笔触画出岩石的形貌质感。画上的大山巍然矗立，浑厚壮观，具有压顶逼人的气势。元朝大书画家赵孟頫称赞范宽的画“真古今绝笔也”，明朝大画家董其昌评价范宽是“宋画第一”。

明代著名收藏家安仪周是清朝初期著名的收藏家安麓村的名字，他单名为岐，字仪周，原本是朝鲜人。他的父亲安尚义，康熙年间随高丽贡使到北京，后来入了旗人籍，留在朝廷重臣明珠家中做起了家臣。借助明珠的势力，安家在天津、扬州两地经营食盐，数年之间便成为富甲一方的大盐商。后来他的儿子安岐更是靠经营食盐做经济后盾，以收藏之富、鉴赏之精而闻名。

安仪周花巨资从收藏家梁清标手中购买了《雪景寒林图》。购买时，梁清标便在画上盖上了自己的“蕉林收藏”之印。后来，安仪周将《雪景寒林图》秘密收藏起来，过着与世无争的生活。他曾经著有《墨缘汇观》，书中还有他对《雪景寒林图》的著录和赏评。

安仪周死后，安家渐渐家道中落。安家的子孙便把这幅《雪景寒林图》卖给了当时的直隶总督。为了讨乾隆皇帝的欢心，直隶总督又把这幅名画转献给了乾隆皇帝，藏于圆明园。1860 年英法联军火烧圆明园，《雪景寒林图》不知去向。后来辗转多年流入天津私人藏家的手中。天津解放后，私人藏家将《雪景寒林图》献给国家，收藏在天津市博物馆。《雪景寒林图》便成为天津博物馆的镇馆之宝。

天津市烈士陵园

概况

天津市烈士陵园位于天津市北辰区铁东路以东、外环线以南，占地近6.7万平方米，建筑面积8000平方米。外观为大屋顶仿古建筑。主要纪念性建筑物包括纪念碑、纪念馆、抗日殉难烈士馆等。2009年5月，天津市烈士陵园被中宣部公布为第四批全国爱国主义教育示范基地。

纪念碑高31米，矗立在陵园中央，正面碑文是毛泽东手书体“人民英雄永垂不朽”。

革命烈士纪念馆总建筑面积为4000平方米，呈凹字形，东侧为骨灰堂，西侧为天津战役陈列室。展馆序厅展示着一幅长20米、高4.5米，由135个人物组成的主题为《海河祭》的大型铸铜高浮雕墙。浮雕画面以镂空的海河背景所贯穿，画面中间以天津战役的战斗场景为重点，将建国前后的历史相界隔。

左侧画面表现重点是大沽口保卫战、义和团运动、五四运动在天津、盘山抗日烽火、天津解放等发生在天津的重要历史事件。代表性的著名英烈人物有清代名将聂士成、我党早期创始人李大钊、于方舟、抗日爱国将领吉鸿昌、包森等。

右侧画面表现重点是抗美援朝、抗震救灾、抗击非典等重要历史阶段和事件，以及有代表性的著名英烈人物杨连第、人民艺术家常宝堃、程树堂等天津籍英烈人物形象。

革命烈士纪念馆内按照时间顺序将展览分为“鏖战津门”，“浩气

◎天津市烈士陵园

长存”、“献身理想”、“继往开来”四部分。展览主要以褒扬天津战役英烈人物为主，以历史事件为主线，运用声光电、多媒体等多种展示手段，再现了人民解放军歼敌的生动场景。馆内还展出了一些珍贵的历史资料和实物。

在日殉难烈士劳工纪念馆建筑面积1352平方米，分为一、二两层。一层为骨灰馆，存放在日殉难烈士和劳工骨灰。这也是目前国内唯一一处集中存放中国劳工骨灰的地方。二层为展馆，展馆序厅建有一座主题为《民族精神不可辱》花岗岩人物雕塑。

展览共分为：落入魔窟、奋起抗暴、力挽尊严、面向未来四个部分。主要展示了在作为人类浩劫的第二次世界大战中，日本军国主义在中国犯下的累累罪行。其中，强掳和役使中国劳工是最为灭绝人性的罪行之一。从1943年至1945年间，日本将4.1万余名中国战俘和普通百姓掳往日本，迫使他们从事超强度的体力劳动。在不到两年的时间内，就有6830人命丧东瀛，6778人身受伤害，数以万计的中国家庭因此妻离子散、家破人亡。

陵园内还建有1.2万平方米的纪念广场和可举办大型活动的6000平方米高层平台、天津战役无名烈士墓区、抗日殉难烈士区、名录墙、雕塑等纪念性建筑物。园内建筑风格古朴、气势恢弘。

聂士成血祭八里台

聂士成，字功亭，安徽合肥北乡人。他幼年丧父，与母亲相宜为命。曾有一位夏姓商贩被匪徒追杀，聂士成的母亲设法把他藏在家中，使这位商贩幸免于难。聂士成回家后，与这位商贩热情相待，两人结为好友。不久，商贩弃商从军，入湘军袁甲三部当兵。咸丰九年（1859年）升任哨官驻守淮关，他写信邀聂士成一同从军。从此，聂士成投身军旅，开始了四十年的戎马生涯。

甲午战争之后，聂士成率领新训练的武卫前军驻守京畿地区，拱卫北京。

光绪二十六年（1900年），八国联军入侵中国，从大沽口登陆，向北京的门户天津发起了攻击。聂士成率领部队驻守在天津城外，他对直隶总督裕禄说："士成在一日，天津有一日；天津如失守，士成不见大帅!"聂士成年迈的母亲从家乡安徽合肥也捎来了口信："聂家无孬种!"希望儿子在国家危难之际，英勇杀敌。

7月5日，聂军与义和团合力围攻紫竹林租界，昼夜与敌军激战。

7月9日凌晨，八国联军6000人向驻守八里台的聂军反扑，另外500名日军也从聂军背后紧逼。聂士成陷入联军重重包围之中，但他仍沉着指挥，激战2个多小时；在弹药匮乏的情况下，率军突围到八里台附近。

此时，聂士成双腿都已经受伤，营官劝他退下，他仍横刀跃马挺立桥头督战，并向左右说道："此吾致命之所也，逾此一步非丈夫也!"

进攻的德国将军苦战多时，仍未能得逞，于是集中炮弹和子弹射向聂士成和他的战马。转眼一匹战马倒下了，聂士成换乘另一匹，又倒下了，聂士成一连换乘了四匹战马，两腿都已被打断，身上多处重伤。这时又一枚炮弹在他身边响起，弹片穿过头部。一腔热血的聂士成壮烈殉国。

常式相声

常宝堃是相声演员，艺名“小蘑菇”，出生于张家口。父亲常连安，艺名“小鑫奎”，原在富连成科班学戏，后以变戏法谋生。

常宝堃 4 岁开始跟随父亲“撂地”卖艺，表演戏法的“说口”。童声清亮，口齿伶俐，抓哏逗笑，聪慧机敏，颇受观众的喜爱。因张家口盛产蘑菇，人们亲昵地称他为“小蘑菇”。

1931 年，常宝堃正式改行说相声，在天津拜张寿臣为师，此时他才九岁。经名师指点，再加上他的悉心钻研，经过四年的磨砺，13 岁时就已崭露头角。15 岁时与赵佩茹搭档，互相切磋，轮流捧逗，艺业猛进。他们在北平、天津一带演出，很受欢迎。他还曾参与组织兄弟剧团，任团长并演出相声和笑剧。

常宝堃是一位具有民族气节的爱国人士。在日本占领时期，他编演《牙粉袋儿》等节目，对日本侵略者的压榨进行讽刺，为此遭到多次逮捕、毒打。建国前夕，他还断然拒绝国民党的威逼利诱，拒绝编演讽刺中国共产党的节目。

1949 年 7 月，常宝堃出席了全国第一次文学艺术工作者代表大会，受到了毛泽东、周恩来、朱德等国家领导人的亲切接见。自此，他更加自觉、勤奋地致力于相声的改革和创新，编演了许多新相声，如《新灯谜》、《思想问题》等，歌颂了社会主义的新人新事新风尚，并被选为天津市人民代表。1951 年参加第一届中国人民赴朝鲜慰问团，4 月 23 日牺牲在朝鲜战场上。天津市人民政府授予常宝堃人民艺术家、革命烈士的光荣称号。

参考文献

1.中共中央宣传部宣传教育局组织编写. 第三批全国爱国主义教育示范基地巡礼. 北京：北京学习出版社，2009

2.中共中央宣传部宣传教育局组织编写. 第四批全国爱国主义教育示范基地巡礼. 北京：北京学习出版社，2009

3.中共中央宣传部宣传教育局组织编写. 中国红色旅游. 沈阳：辽宁教育出版社，2008

4.北京支部生活杂志社编著. 90 年中人与事——红色纪念馆的诉说. 北京：北京人民出版社，2001

5.精神丰碑:百个爱国主义教育示范基地巡礼. 西安：陕西人民出版社，2005

6.中华魂：爱国主义教育基地. 北京：人民日报出版社，2006